OFFICE
PROPRE
DE S. JEAN, EV.

A L'Usage de l'Eglise
De S. Nicolas des Champs
A PARIS.

Fait Par COUSIN, Chantre
Dans la dite Eglise. ce1. Juil.
1812.

S. JEAN. EV.

Premier Patron de la Paroiſſe.

ANNUEL.

AUX I. VESPRES.

Pſ. Dixit Dóminus.

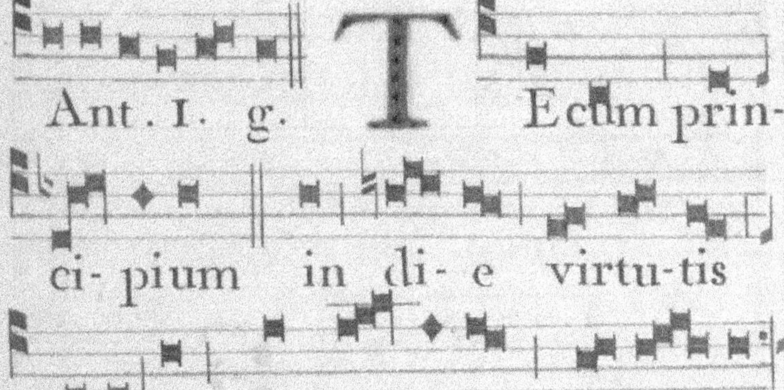

tuæ in ſplendo-ribus ſanctorũ:

ex u-tero ante lu-ci-ferum
Pſ. Confite-
ge-nu-i te. bortib. Ant. 7. c.
R Edemptionem miſit
Dominus populo ſuo; mandavit
in æternum teſtamentum ſuum
Pſ. Beátus vir. Ant. 5. C.
E -Xor-

tum est in tenebris lumen rec-
tis cor-de ; mise- ricors, & mi-
serator, & justus Dominus.
Ps. De pro-
fundis. Ant.4. A. A - Pud
Dominum misericordia &
copio-sa apud e-um Redēptio.

CAPITULE.

CAríſſimi, nos vídimus & teſtificámur quóniam Pater miſit Fílium ſuum Salvatórem mundi.

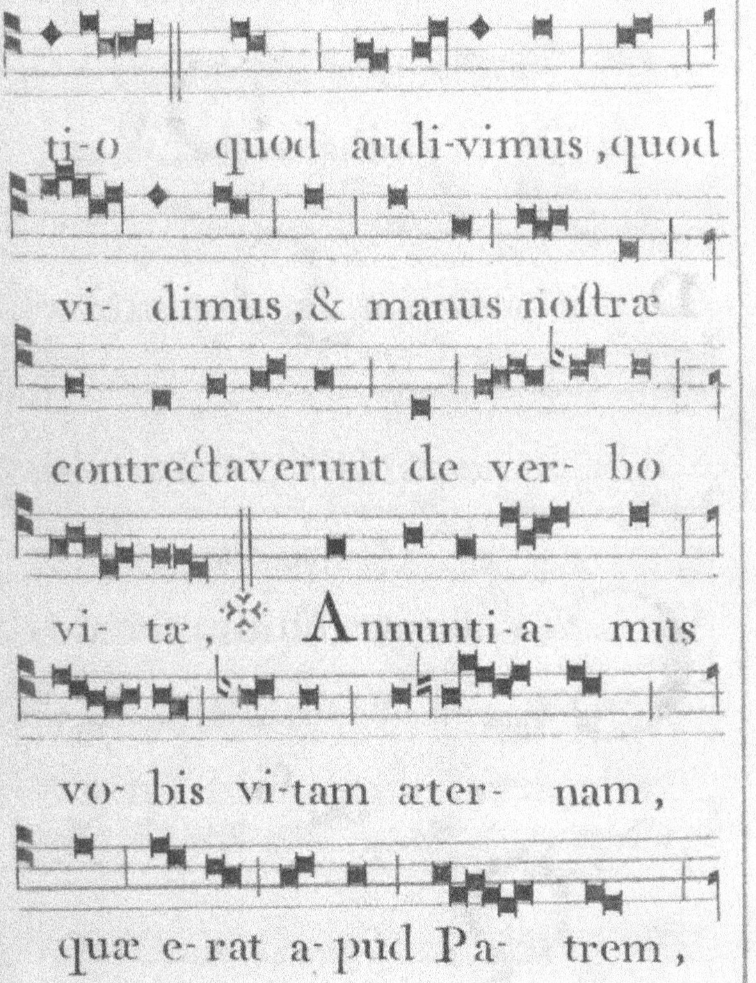
ti-o quod audi-vimus, quod
vi- dimus, & manus nostræ
contrectaverunt de ver- bo
vi- tæ, ✠ Annunti-a- mus
vo- bis vi-tam æter- nam,
quæ e-rat a-pud Pa- trem,

& ap-pa- ruit no- bis. ℣.
Di-xit audi-tor ſermonum De-
i, qui novit Doctrinam Altiſ-
ſimi, & vi-ſio-nes Omnipotentis
vi- det. ✠ An. Glo- ri-a
Pa- tri, & Fi- li-o, & Spi-

ri- tu-i ſan- cto. ✠ An.
Hymne. du 4.
QUem nox quem
te- nebræ, denſaque nubila
Circumſu- ſa tegunt lumine
ſplendidum, Imbelles oculos
terrificis Deus Ne fulgo- ribus

O dilecte Deo, quàm tibi clárius,
Dum tu vivis adhuc, se dedit áspici!
Tu secréta Dei, mentis & íntimæ
Rimáris penetrália.
Ceu pennis áquilæ raptus in æthera,
Cœlum mente petis, sídera tránsvolas;
Nil obstant rútili fúlgura lúminis,
Nudo Númine pásceris.
Æterno génitum de Patre Fílium,
Demptâ nube, vides, èque Deo Deum

Descendisse sacros de patrio sinu
Castæ Vírginis in sinus.
In nos hoc pótuit tantus amor Dei!
Terris ipse sui núminis ímmemor,
Nobis factus homo, se facit éxulem,
Ut cœlo trahat éxules.
Per te sacra patent ábdita vátibus;
Quæ lux in ténebris fúlgeat, índicas:
A quo vita fluit, princípium petis,
Et primórdia lúminis.
Patri máxima laus, maxima Fílio,
Amborumque sacro maxima Flámini:
Hæc est certa fides, fóntibus è tuis
Quam divínitùs háusimus.
Amen.

V.

℣. Qui díligit cordis mundítiam,
℟. Habébit amícum Regem.

ORÉMUS.

Ecclésiam tuam, Dómine, benignus illuſtra; ut beáti Joannis Apóſtoli tui &

Evangeliſtæ illumináta doctrínis, ad dona pervéniat ſempiterna; Per Dóminum noſtrum Jeſum.

Mém. de S. Etienne. Ant. I. D.

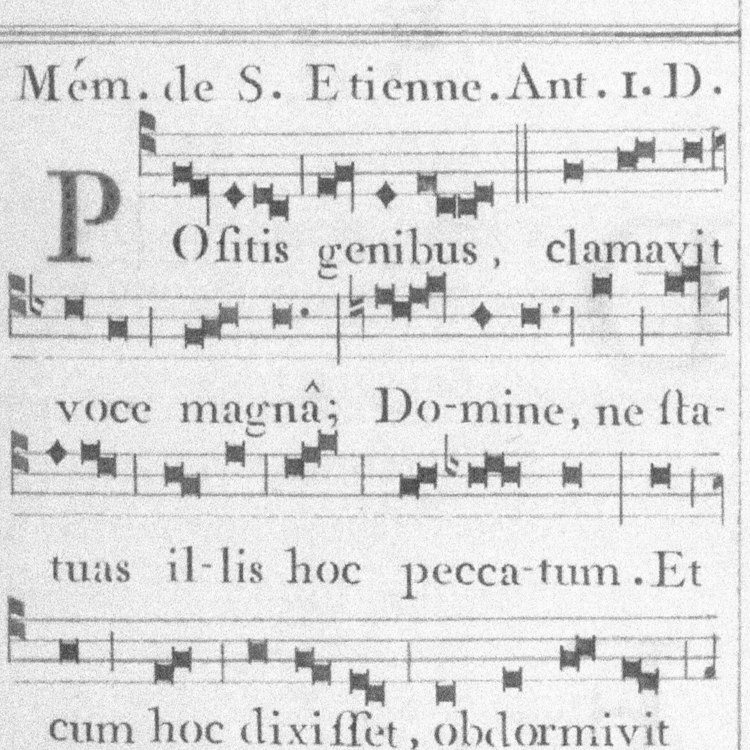

℣. Posuérunt ad- in Domino. versùm me mala pro bonis, ℟. Et ódium pro dilectióne mea.

Orémus.

DA nobis, quæsumus, Dómine, imitári quod cólimus, ut discamus & inimícos dilígere; quia ejus natalítia celebrámus, qui novit étiam pro persecutóribus exoráre Dóminum nostrum Jesum Christum Fílium tuum, qui tecum vivit & regnat in unitáte Spíritûs.

Mém. de Noël. Ant. du 3. E.
F I-li-us De-i ve- nit,
& dedit nobis sensum, ut cog-
noscamus verum De-um, &
si- mus in vero Filio e- jus:
Hic est verus Deus & vita æ-
terna. Al- le-luia. ℣.

℣. Hic est Deus, Deus noster in æternum: ℟. Ipse reget nos in sécula.

Orémus.

COncéde quæsumus, omnípotens Deus, ut nos Unigéniti tui nova per carnem Natívitas líberet, quos sub peccáti jugo vetusta sérvitus tenet; Per eumdem Dóminum nostrum Jesum

A COMPLIES. Pf. de la Fer.

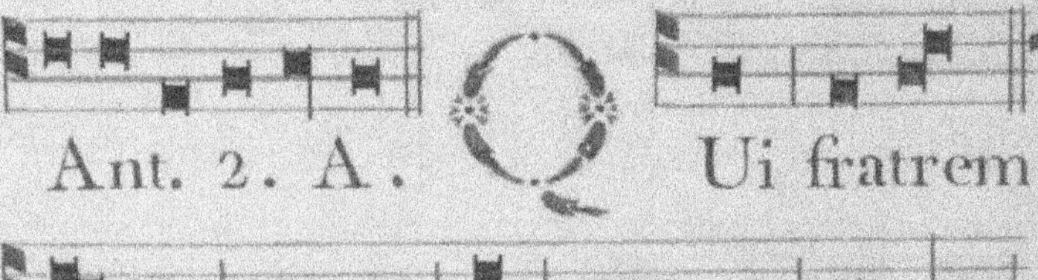

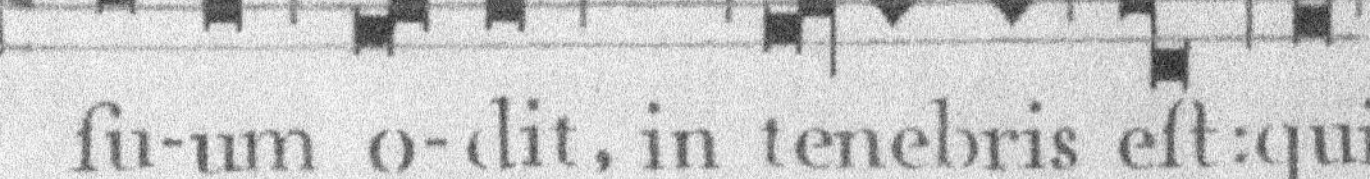

diligit fratrem ſu-um, in lu-
mine manet, & ſcandalum in
e-o non eſt. TP. Alle-luia.
Hymn.
6. C.
Undi ſalus qui
naſceris, Jeſu puer, nos reſpice:
Da moribus caſtis tuam Referre

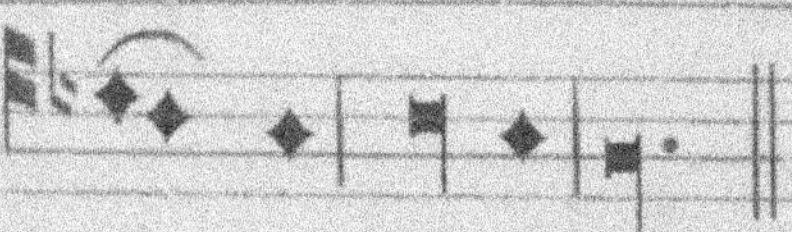

nos infantiam.

Fessos diurno dum levat
Labóre nocturnus sopor,
Defende, Pastor béstiis
Tuas ab infestis oves.

O Virgo, quæ paris Deum
Fovesque lactentem sinu,
Hunc flecte nobis quâ vales,
Benigna mater, grátiâ.

DOXOLOGIE.

Qui natus es de Vírgine,
Jesu, tibi sit glória
Cum Patre, cumque Spíritu,
In sempiterna sécula. Amen.

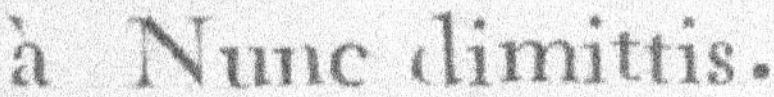

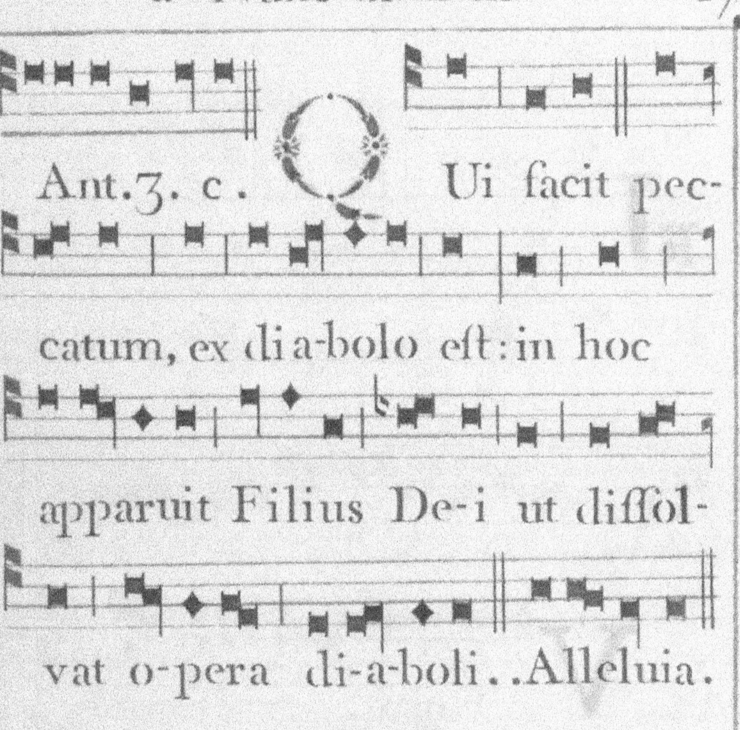
Ant. 3. c. Q Ui facit pec-
catum, ex di a-bolo est: in hoc
apparuit Filius De-i ut dissol-
vat o-pera di-a-boli. . Alleluia.

A MATINES. Invitat. du 5.
J E- ſum cujus in ſi-nu
e-rat re-cumbens Joan- nes:
✠ Veni- te, a-do- re- mus.
Pſ. V Enite, exultemus
Domino, jubilemus Deo ſa-lu-
ta-ri noſtro: præoccupemus

faciem e-jus in confeſſio- ne,
& in pſalmis jubi-le-mus
e-i. Je- ſum.
QUoniam Deus magnus
Dominus, & Rex magnus ſuper
omnes de-os: quoniam non re-

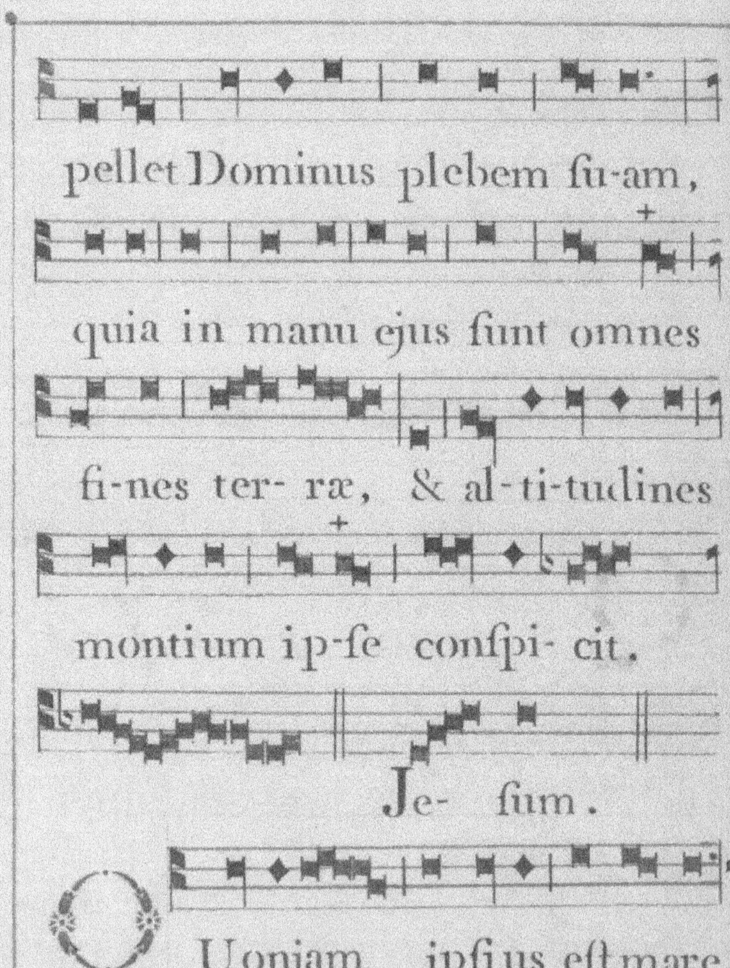
pellet Dominus plebem su-am,
quia in manu ejus sunt omnes
fi-nes ter- ræ, & al-ti-tudines
montium ip-se conspi- cit.
Je- sum.
QUoniam ipsi us est mare,

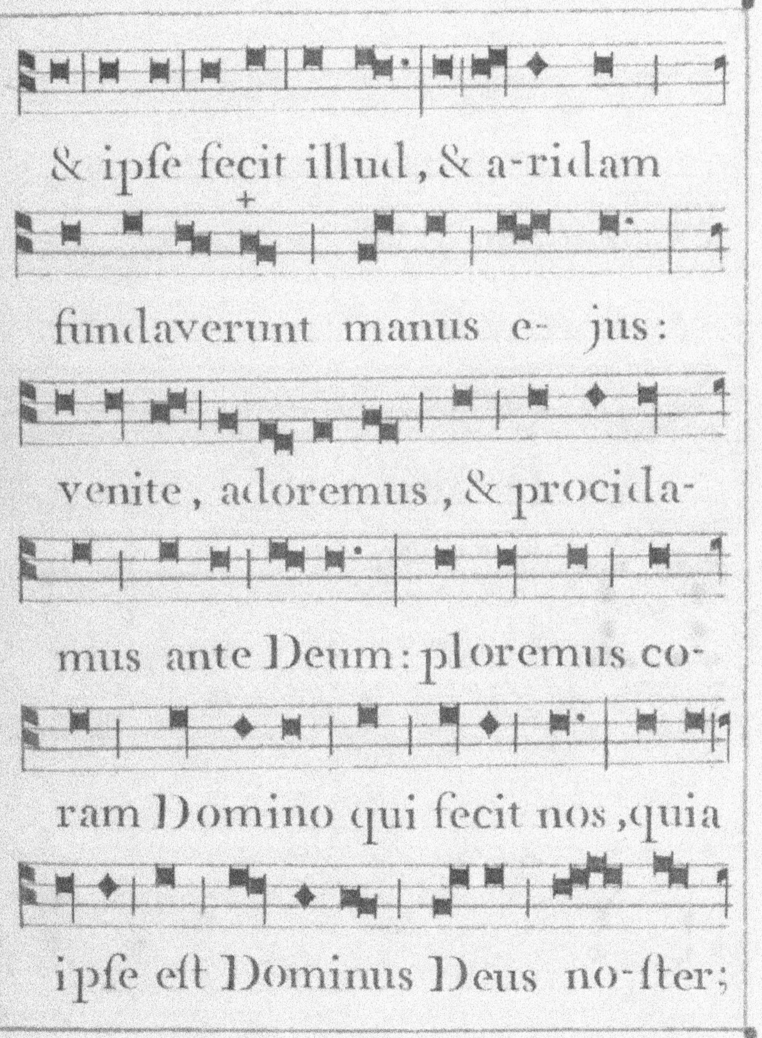
& ipſe fecit illud, & a-ridam
fundaverunt manus e- jus:
venite, adoremus, & procida-
mus ante Deum: ploremus coram Domino qui fecit nos, quia
ipſe eſt Dominus Deus no-ſter;

nos autem populus e-jus,
& oves pafcu-æ e-jus.
Je- fum.
Hodie fi vocem ejus
audie-ritis, noli-te obdura-re
corda veftra; ficut in e-xacerba-

tio-ne, fecundùm diem tentati-
onis in deferto, u-bi tentave-
runt me patres ve- ftri, pro-
baverunt & viderunt o-pera
me-a. Je- fum.
QUadraginta annis pro-

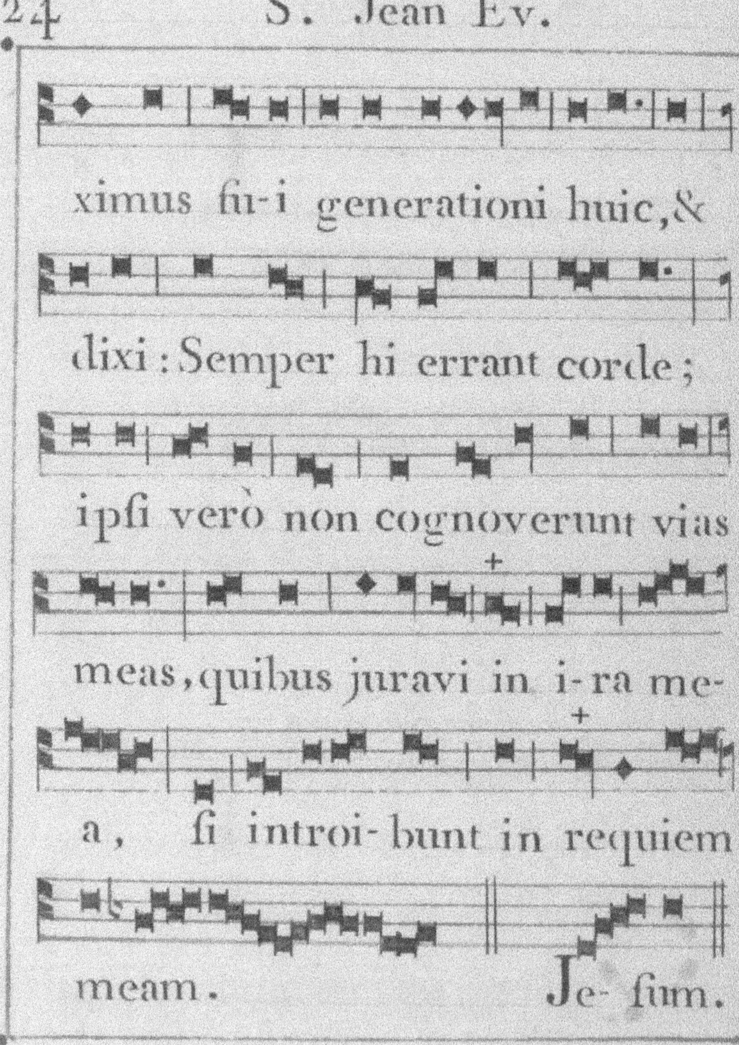
ximus fi-i generationi huic, &
dixi : Semper hi errant corde ;
ipsi verò non cognoverunt vias
meas, quibus juravi in i-ra me-
a, si introi-bunt in requiem
meam. Je- sum.

GLori-a Patri, & Filio,
& Spi-ri-tui ſancto: Sicut
erat in princi-pio, & nunc, &
ſemper, Et in ſecula ſeculo-
rum. A-men. Veni.
Je- ſum.

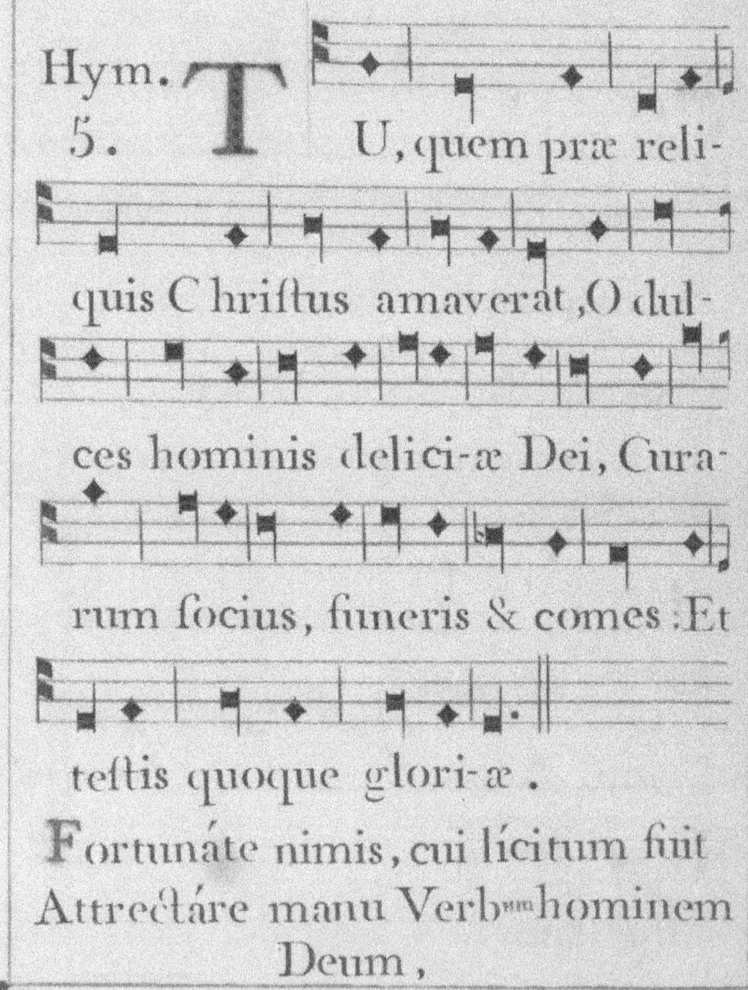

Fortunáte nimis, cui lícitum fuit Attrectáre manu Verbum hominem Deum,

Hunc audire, óculis cérnere, mútuo
Quin & collóquio frui!
Hæc dos quanta fuit, cùm tibi crédidit
Sensus Christus amans pectóris íntimos,
Quando monte super, totus homo Deus
Sese númine vestiit!
Jesu tu plácido dum récubas sinu,
Potas plena Deo vívida flúmina,
Illapsu tácito se própiùs tuis
Numen sénsibus ínserit.
Ex hoc fonte Deum plénius hauseras;
Corpus destítuit mens velut ébria:

Dic, cùm blanda quies lúmina
cláuserit,
Quæ cæléstia víderis.
O sacros áditus! ô benemútui
Hàc ignóta tenus gáudia péctoris!
Quæ non tela jacit divus amor, sacris
His fornácibus incubans!
Hinc tu semper amans, semper
amábilis,
Hinc & frontis honos, virgíneus
pudor,
Hinc cœleste jubar, quod súperos
decet,
Toto vértice fúnditur.

Hinc creber réperis, creber idem ſonas :
Quidquid faris, Amor, ſic amor ímperat,
Vix ſeſe cápiens æſtuat, & ſuis
Pectus rúmpitur ígnibus.
Sit laus ſumma Patri, ſummaque Fílio;
Sit par, ſancte, tibi glória, Spíritus :
Hæc eſt certa fides, fóntibus è tuis
Quam divínitùs hauſimus. Amen.

AU I. NOCT. Ant. I. g. Vidit Je-ſus duos fratres, Jacobũ

Zebedæi, & Joannem fratrem
e-jus in na-vi cum Zebedæo
patre eo-rum. Ant. 2. D.
V Idit ip-ſos componentes
retia in navi, & vocavit illos.
Ant. 8. c. I L-li, ſta-tim

relictis retibus & patre, ſecu-
℣. Mihi adhæré-
ti ſunt eum. re Deo bonum eſt;
℟. Ut annúntiem omnes prædica-
tiónes tuas.
J. ℟. du S.
STu- por circumdederat
Pe- trum in captura piſ- cium
ſi-militer Ja-co- bum &

Joan- nem; ※ Et ✝ Relictis
omnibus, ſecu-ti ſunt Je-
ſum. ℣. Ip- ſi vide-
runt opera Do-mini, & mi-
ra-bi-lia e-jus in profun- do.
※ Et. Glo- ri-a Pa-

tri, & Fi- li-o, & Spiri-
tu-i ſan- cto. † Reli.
I J. ℟. du 7.
V Ocavit Je-ſus
ad ſe quos vo-luit ip- ſe;
& fe-cit ut eſ-ſent duo- decim
cum il- lo: & ✻ Impo-ſuit

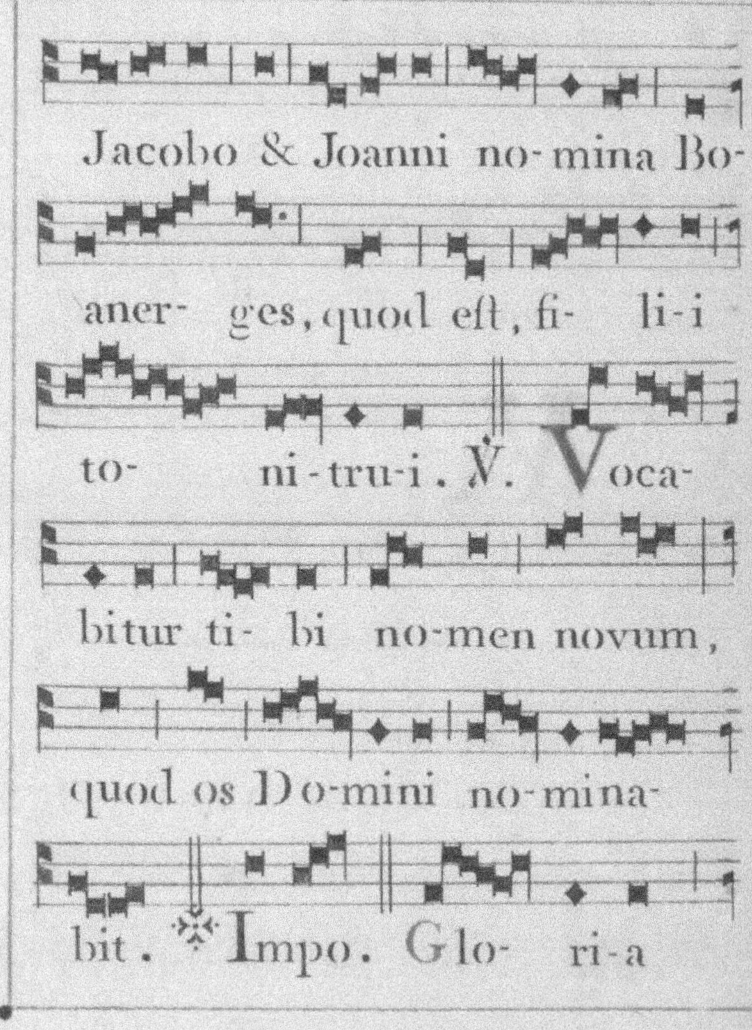
Jacobo & Joanni no-mina Bo-
aner- ges, quod eſt, fi- li-i
to- ni-tru-i. ℣. Voca-
bitur ti- bi no-men novum,
quod os Do-mini no-mina-
bit. ✠ Impo. Glo- ri-a

Pa-tri, & Fi-li-o, & Spi-
ri- tu-i ſan- cto. ※ Imp.
IIJ. ℟.
du 3.
ASſumpſit Je-
ſus Pe- trum, & Jaco-bum,
& Joan- nem, & aſcendit in
montem ut ora- ret; & fa-

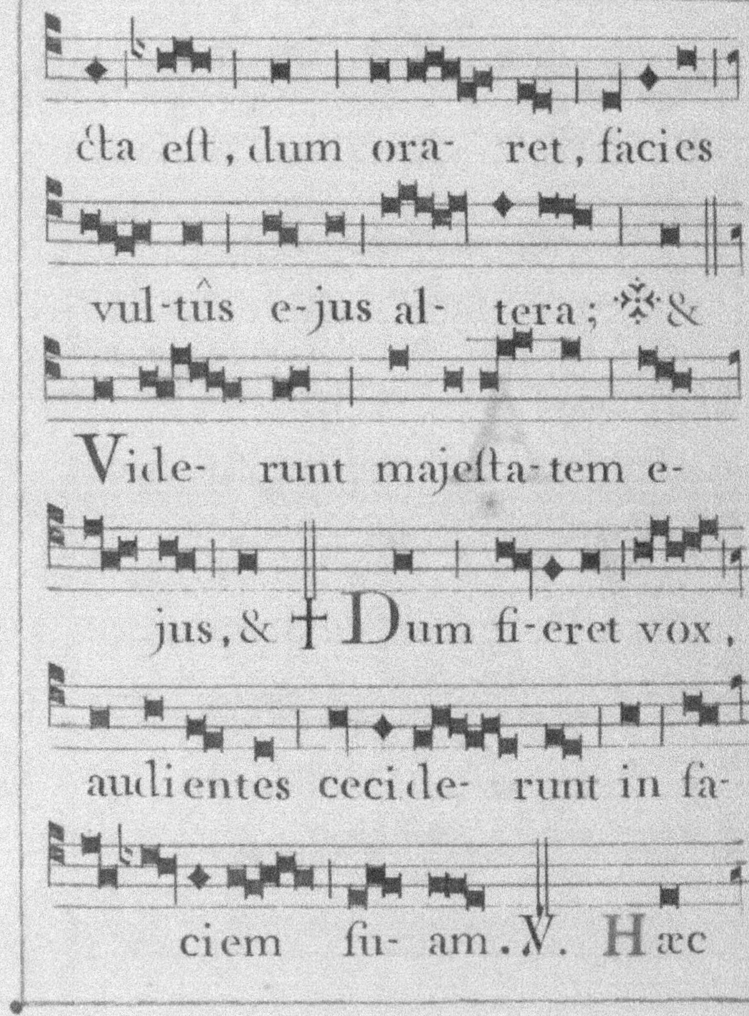
cta eſt, dum ora- ret, facies
vul-tûs e-jus al- tera; ✠ &
Vide- runt majeſta-tem e-
jus, & † Dum fi-eret vox,
audientes cecide- runt in faciem ſu- am. ℣. Hæc

vi- si-o similitudinis gloriæ
Domini : & vidi, & cecidi
in faciem me-am, & audi-vi
vo- cem loquentis. ✠ Vider.
Glo-ria Pa- tri, & Fi- li-
o, & Spiri- tu-i san- cto. †
on Rep. le ℟.

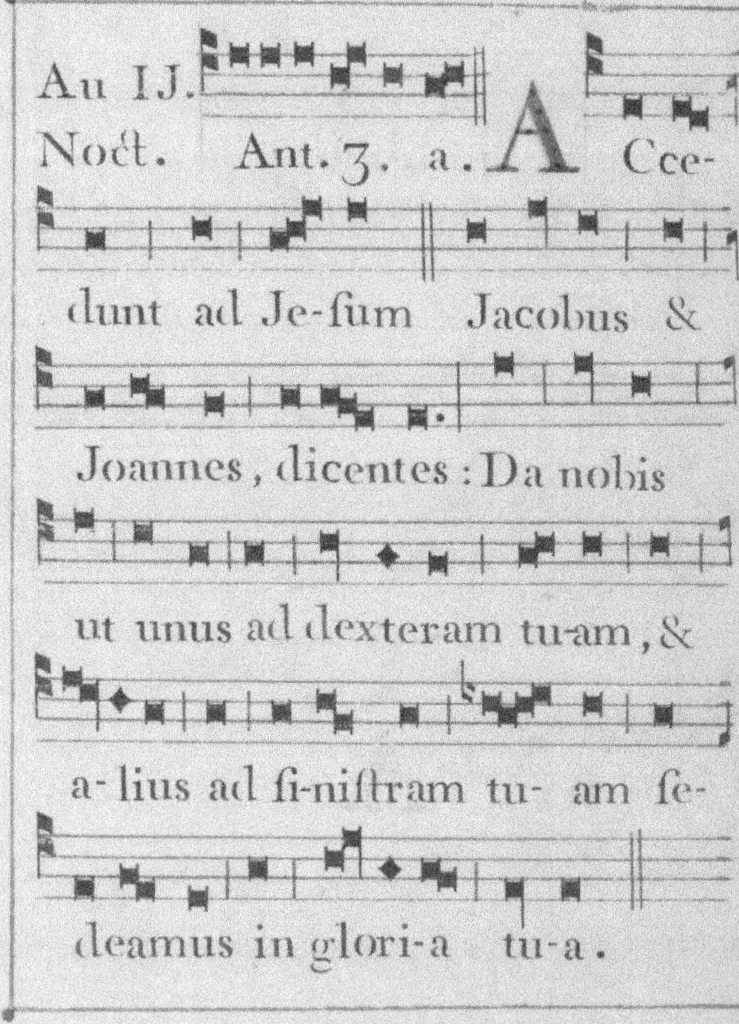
Au IJ. Noct. Ant. 3. a. A Cce-
dunt ad Je-ſum Jacobus &
Joannes, dicentes : Da nobis
ut unus ad dexteram tu-am, &
a-lius ad ſi-niſtram tu- am ſe-
deamus in glori-a tu-a.

Ant. 4. D. R Espondens
Je-sus, dixit: Potestis bi-bere
ca-licem quem ego bi-bi turus
sum? Dicunt e-i: Possumus.
Ant. 5. a. A - It il-lis:
Calicem quidem meum bibetis:

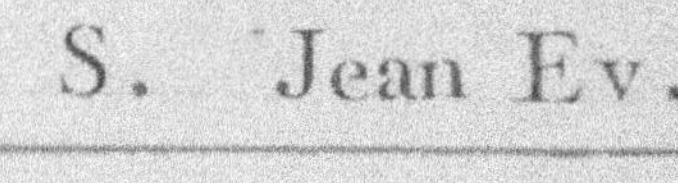

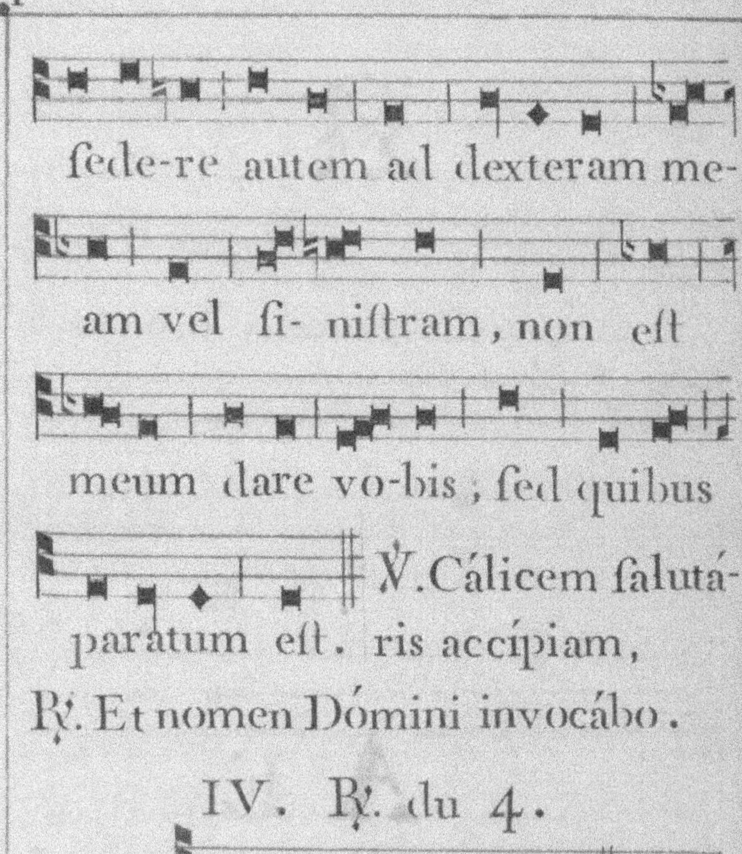

IV. ℟. du 4.

A - Mantiſ- ſimus Do-

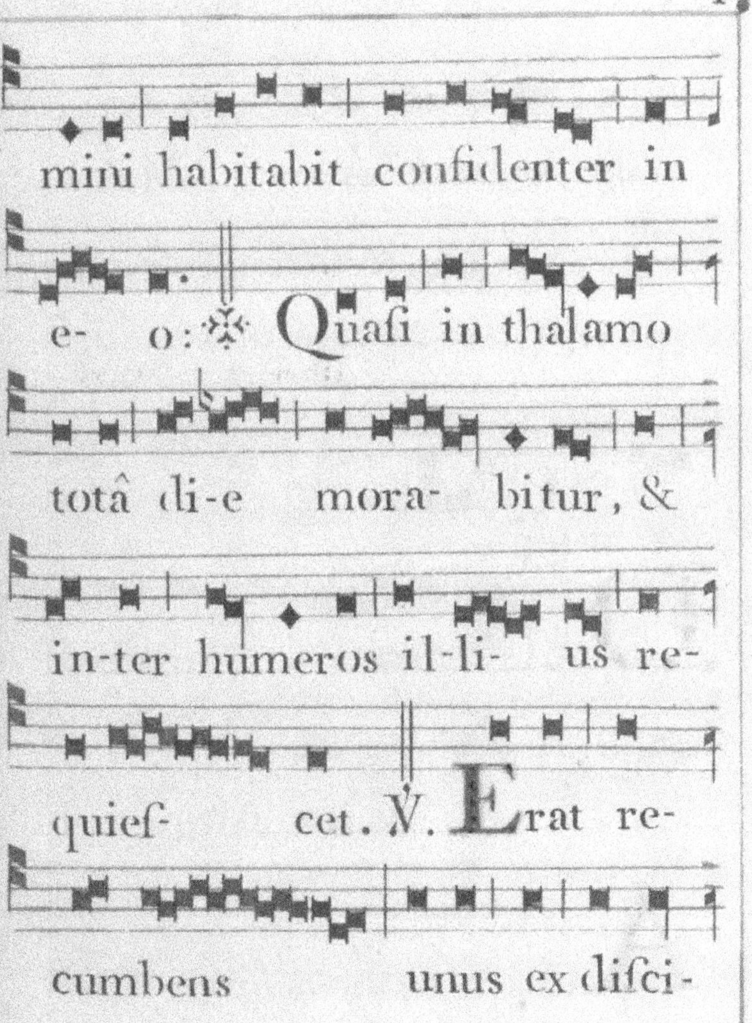
mini habitabit confidenter in
e- o: ✻ Quaſi in thalamo
totâ di-e mora- bitur, &
in-ter humeros il-li- us re-
quieſ- cet. ℣. Erat re-
cumbens unus ex diſci-

pulis Je-ſu in ſi-nu e- jus,
quem dili- gebat Je- ſus.
Gloria. du 4. * Quaſi.
V. ℟.
✻ Quaſi. du 6.
DIxit Je-ſus: Unus ex
vo- bis tra- det me, Unus ex di-
ci-pulis, quem di-ligebat Jeſus,

❊ Dicit e- i: Domine, quis eſt? Reſpondit Je- ſus: Ille eſt cu-i e-go intinctum pa-nem por-re- xero. ℣. Sapien-ti-a denuda-bit abſconſa ſu- a, il- li qui il- lam

Di- li-git ✠ Di. Glo-ri-

a Patri, & Fi- li-o,

& Spiri- tu-i ſan- cto. ✠ D

VI. ℟. du 2. C Um vidiſſet

Jeſus Ma-trem & diſcipulum

ſtantem, quem di-li-gebat, di-

cit Matri ſu- æ; Mu-lier;
ecce Fili-us tu- us; deinde
di-cit diſci- pulo: * Ec-
ce ma- ter tu-
a. ℣. Funes ceciderunt mihi
in præcla- ris: e-tenim hære-

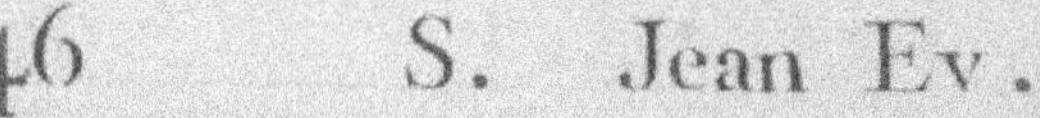

ditas mea præcla- ra eſt mi-

hi. ✠ Ec. Glo- ri-a Pa-tri,

& Fi- li-o, & Spiri- tui

ſancto. ✠ Ec. Rep. ℟.

Au IIJ. Noct.

Ant. 3. a. E X illa hora

accepit Mariam Diſcipulus in

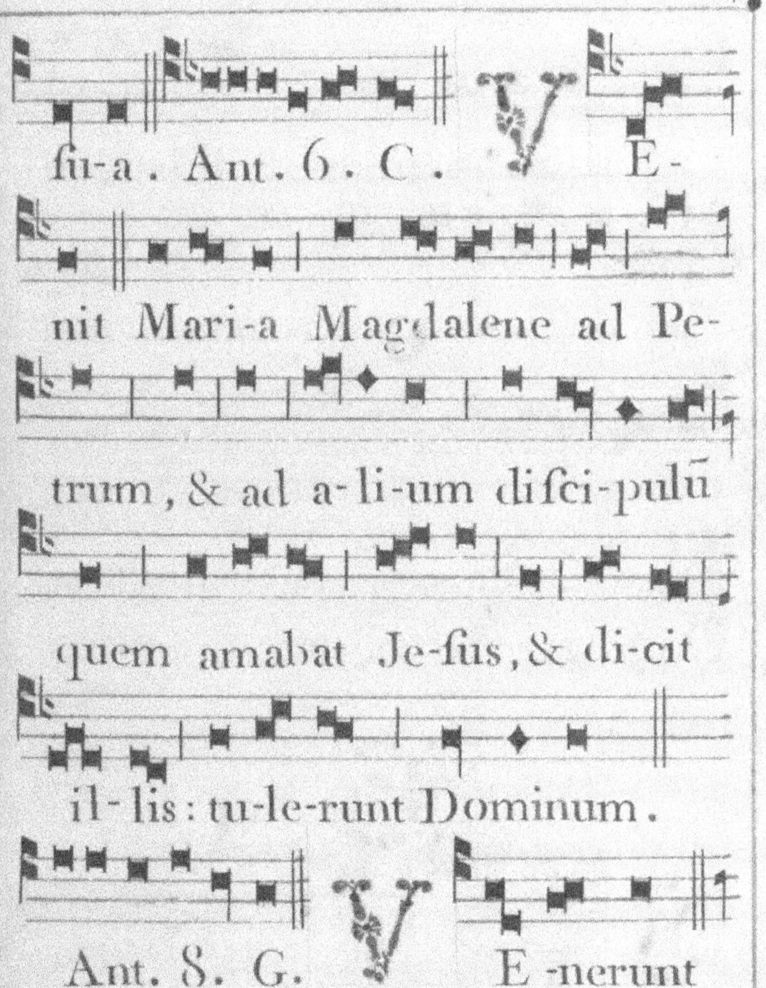

su-a. Ant. 6. C. V E-
nit Mari-a Magdalene ad Pe-
trum, & ad a-li-um disci-pulũ
quem amabat Je-sus, & di-cit
il-lis: tu-le-runt Dominum.
Ant. 8. G. V E-nerunt

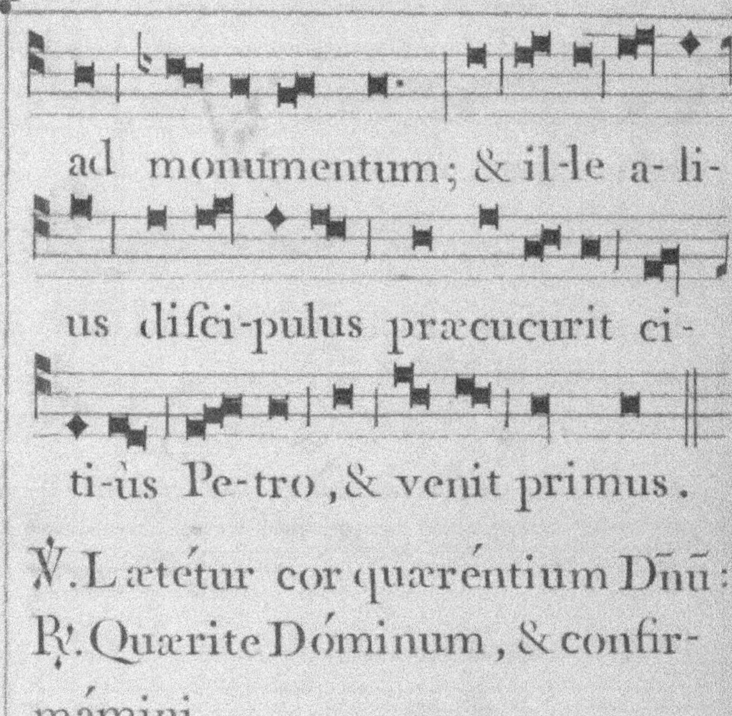

℣. Lætétur cor quæréntium Dñũ:
℟. Quærite Dóminum, & confirmámini.

VIJ. ℟. du 7.

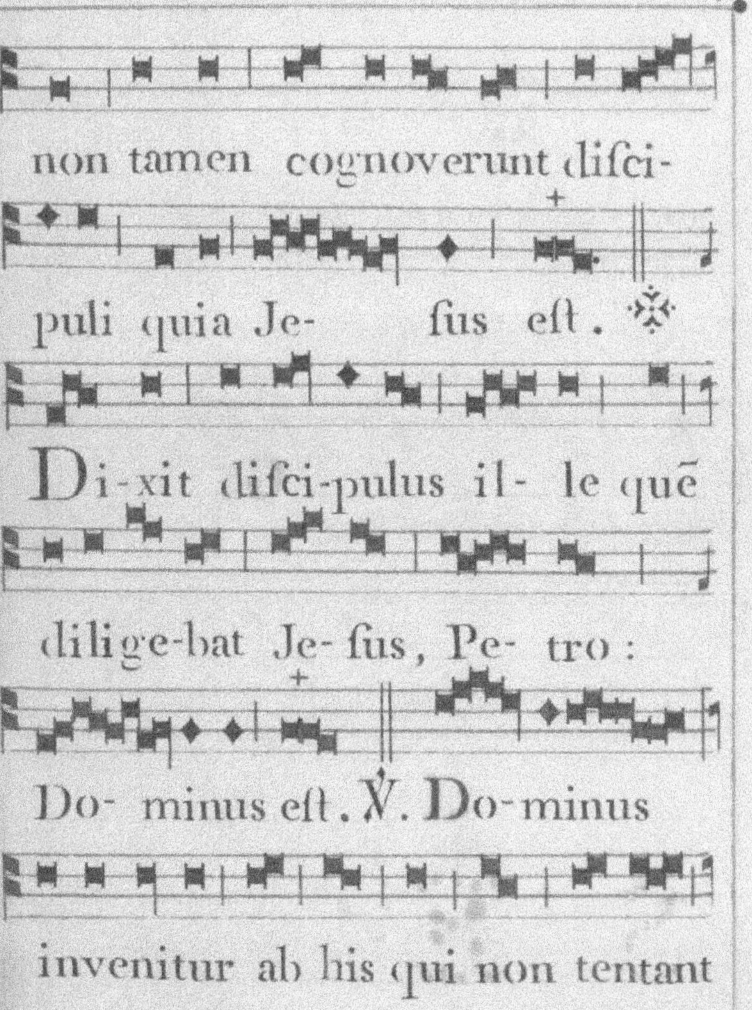
non tamen cognoverunt diſci-
puli quia Je- ſus eſt. ✠
Di-xit diſci-pulus il- le quẽ
dilige-bat Je- ſus, Pe- tro :
Do- minus eſt. ℣. Do-minus
invenitur ab his qui non tentant

il- lum ; ap-paret autem e-is
qui fidem ha- bent in il-
lum. ✻ Di. Glo- ria
Pa-tri, & Fi-li-o, & Spiri-
tu-i ſan- cto. ✻ Di.
VIIJ. ℟.
du I.
E
-Xi-it ſermo

inter fra-tres quia Disci-pulus
il-le non mo- ritur. Et non
dixit Petro Je-sus, non mori-
tur; sed, ✠ Sic e-um vo- lo
mane- re, donec ve- niam;
quid ad te. ℣. Alti-o- ra

te ne quæſi- e-ris, & for-
ti-o- ra te ne ſcruta-tus fu-
eris: ſed quæ præcepit ti- bi
De-us, il- la cogita ſem-
per. ✠ Sic. Glo- ri-a Pa-
tri, & Fi- li-o, &

Spiri- tu-i ſan-cto. ✠ Sic.
IX. ℟. 6. C.
C Ibavit il- lum
Do-minus pane vitæ & in-tel-
le-ctûs, & a-quâ ſapien- tiæ
ſaluta- ris pota- vit il-
lum: ✠ In medio Eccle- ſiæ

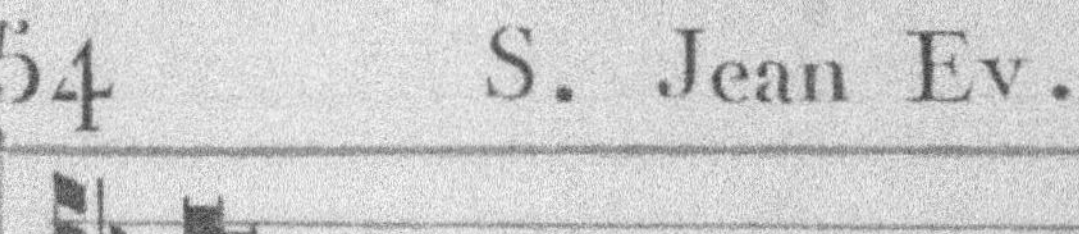

ape-ru-it os e- jus, & ✝ A-

dimplevit il- lum ſpiritu

ſapien-tiæ & in-telle- ctus.

℣. Quoniam mul-ti ſeductores

exie-runt in mundum, qui

non confiten-tur Jeſum Chri-

On Répète le ℟.

Te Deum.

℣. Sacerd. Spíritus Dómini locútus eſt per me; ℟. Et ſermo ejus per linguam meam.

A LAUDES, ET AUX HEURES

Pſ du Dimanche.

Ant. 7. G. H. Oc mandatum habemus à Deo; ut qui di-ligit De-um, di- ligat & fra-trem ſuum. Ant. 1. D.

M Ajo- rem non habeo

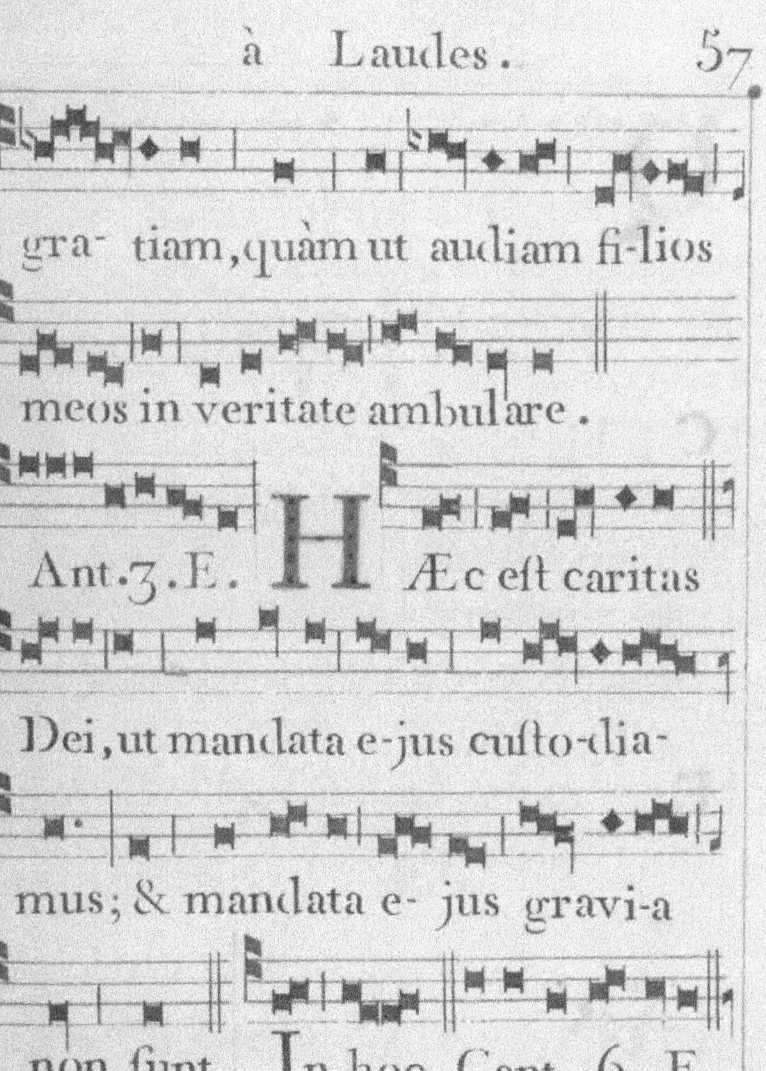
gra- tiam, quàm ut audiam fi-lios
meos in veritate ambulare.
Ant. 3. E. HÆc est caritas
Dei, ut mandata e-jus custo-dia-
mus; & mandata e- jus gravi-a
non sunt. In hoc. Cant. 6. F.

QUi timet Deum, fáciet bona ;* & qui cóntinens est justítiæ, apprehendet illam.
Et obviábit illi * quasi mater honorificáta.
Cibábit illum pane vitæ & intellectûs,* & aquâ sapiéntiæ salutáris potábit illum.
Et firmábitur in illo, & non flectétur ;* & continébit illum, & non confundétur.
Et exaltábit illum apud proximos suos ;* & in médio Ecclésiæ apériet os ejus.
Et adimplébit illum spíritu sapiéntiæ & intellectus,* & stolâ glóriæ

véſtiet illum.

Jucunditátem & exultatiónem thezaurizábit ſuper illum,* & nómine æterno hæreditábit illum.

Glória Patri.

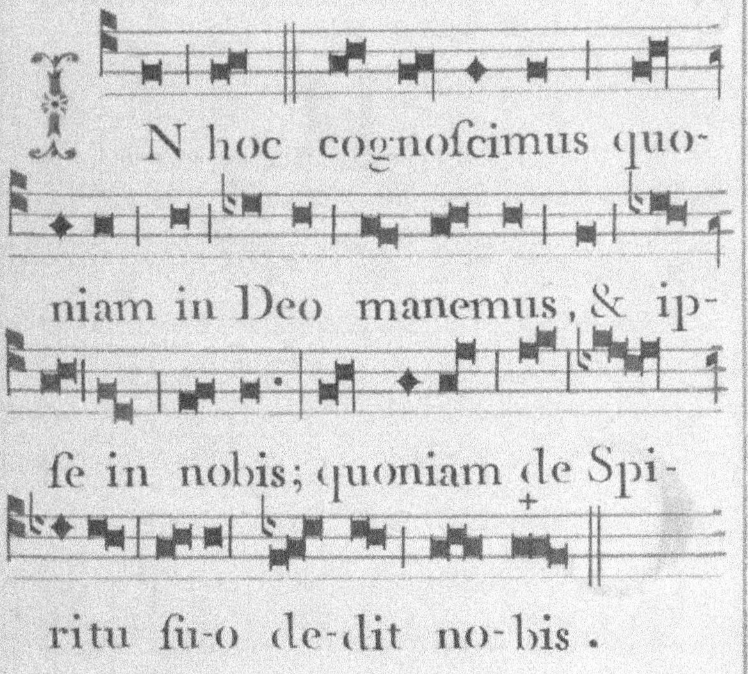

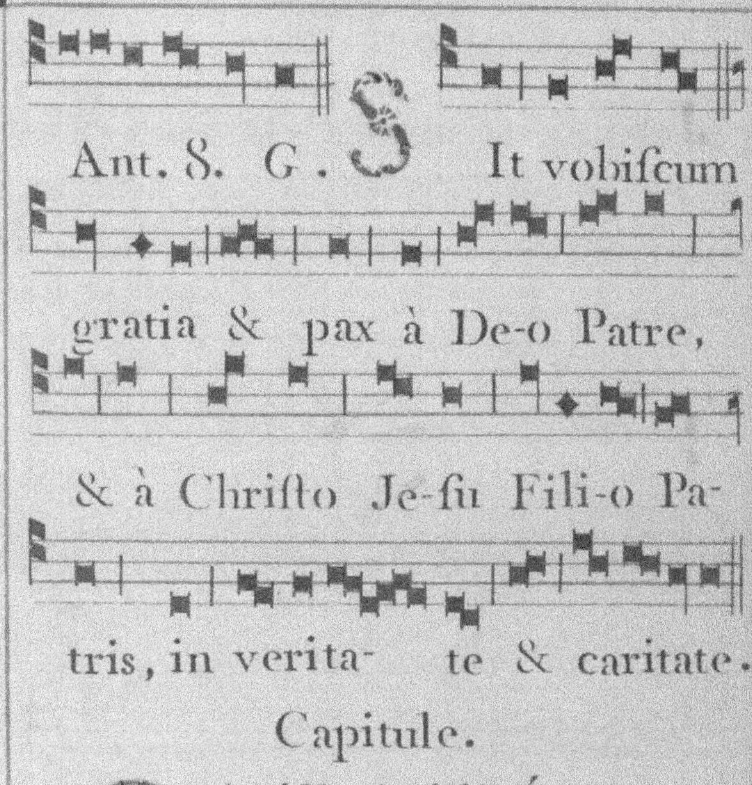

Capitule.

CAríssimi, diligámus nos ínvicem; quia cáritas ex Deo est: & omnis qui díligit, ex Deo natus est, & cognoscit Deum.

Hymn. Quem nox. Pag. 7.

℣. In amicítia ſapiéntiæ delectátio bona; ℟. Et præcláritas in communicatióne ſermónum ipsíus.

A BENEDICTUS.

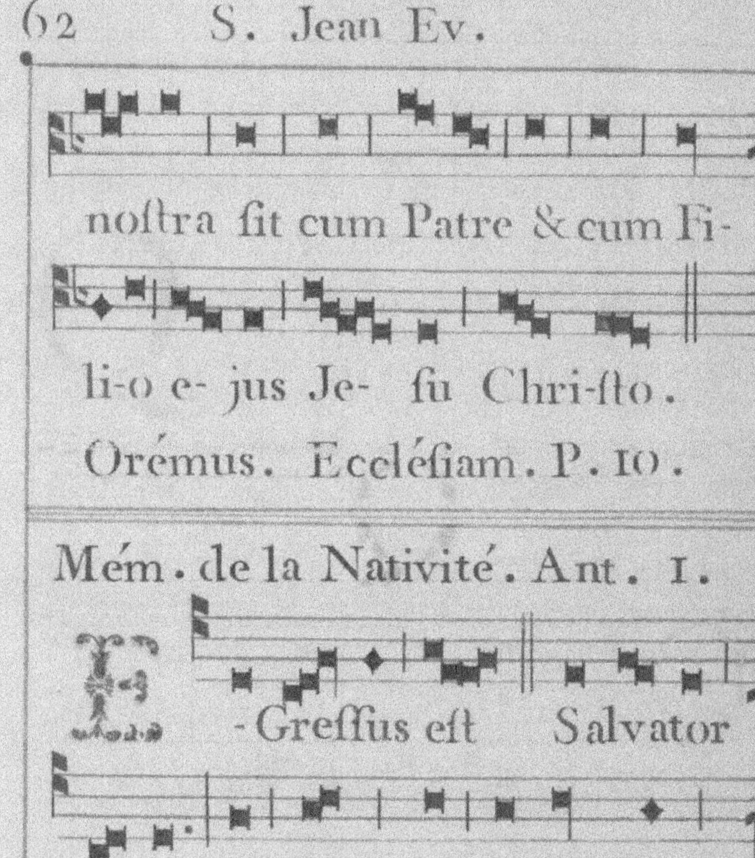

Orémus. Ecclésiam. P. 10.

Mém. de la Nativité. Ant. 1.

meus; & nunc qui redempti

sunt à Domino, revertentur,&

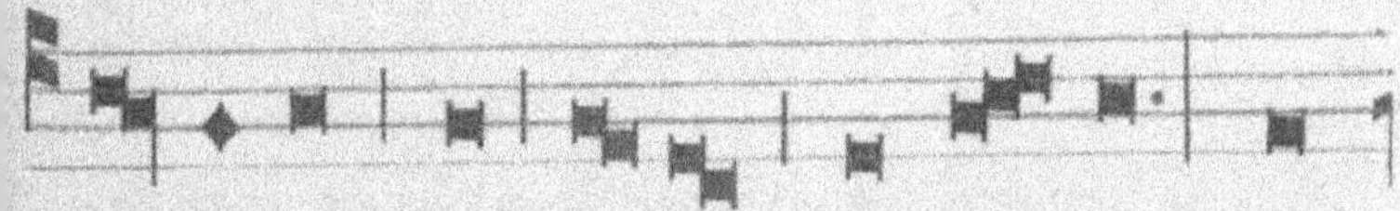

venient in Si-on laudantes, Al-

le-luia.

℣. Ipſe tamquam ſponſus
℟. Procédens de thála-
mo ſuo. Orém. P. 14.

AUX Heures, Doxologie. P. 16.

A PRIME. ℟. br.

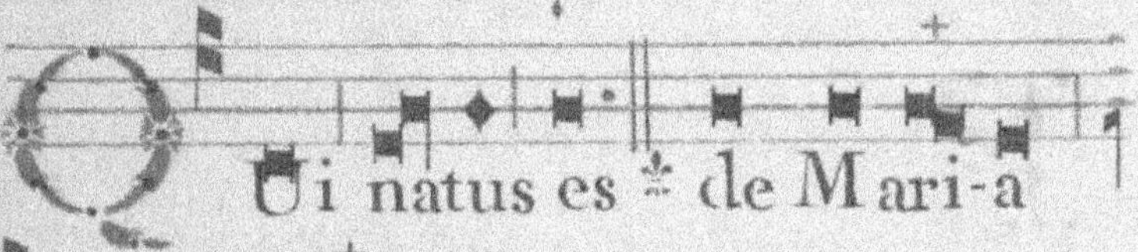

QUi natus es ✳ de Mari-a

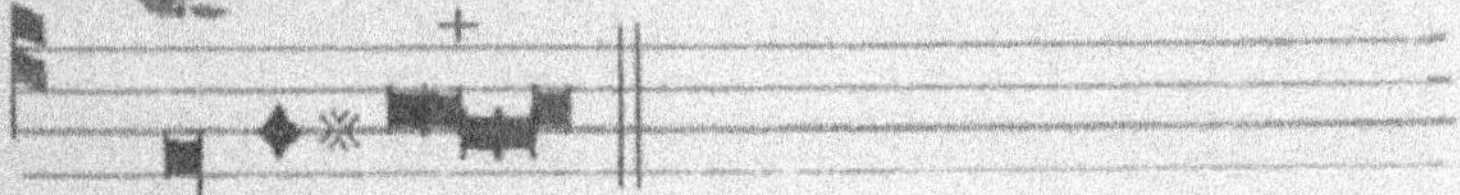

Virgi-ne.

CANON.

Ex Concilio Parisiensi.

QUæ virtus cáritas sit & Evangélica & Apostólica & Sanctórum Patrum expositiónes pleníssimè docent. Expressissimè namque Apóstolus Joannes ait quòd Deus cáritas est; & qui manet in caritáte, in Deo manet, & Deus in eo. Perpendat quisque, si in caritáte manet, Deum manére in se; si caritátem non habet, non Deum sed hostem ánimæ suæ habitáre in se. Tu autem.

Ant. Majorem. Pag. 56. . .

Capitule.

DEus lux eſt, & ténebræ in eo non ſunt ullæ. Si dixérimus quóniam ſocietátem habémus cum eo, & in ténebris ambulámus, mentímur, & veritátem non fácimus.

℟. br. Veritátem tuam * & ſalutáre tuum dixi: * Allelúia, allelúia. Veritátem. ℣. Non abſcondi miſericórdiam tuam * & veritátem tuam. * All. all. Glória Patri. Veritátem.

℣. In generatiónem & generatiónem, ℟. Annuntiábo veritátem

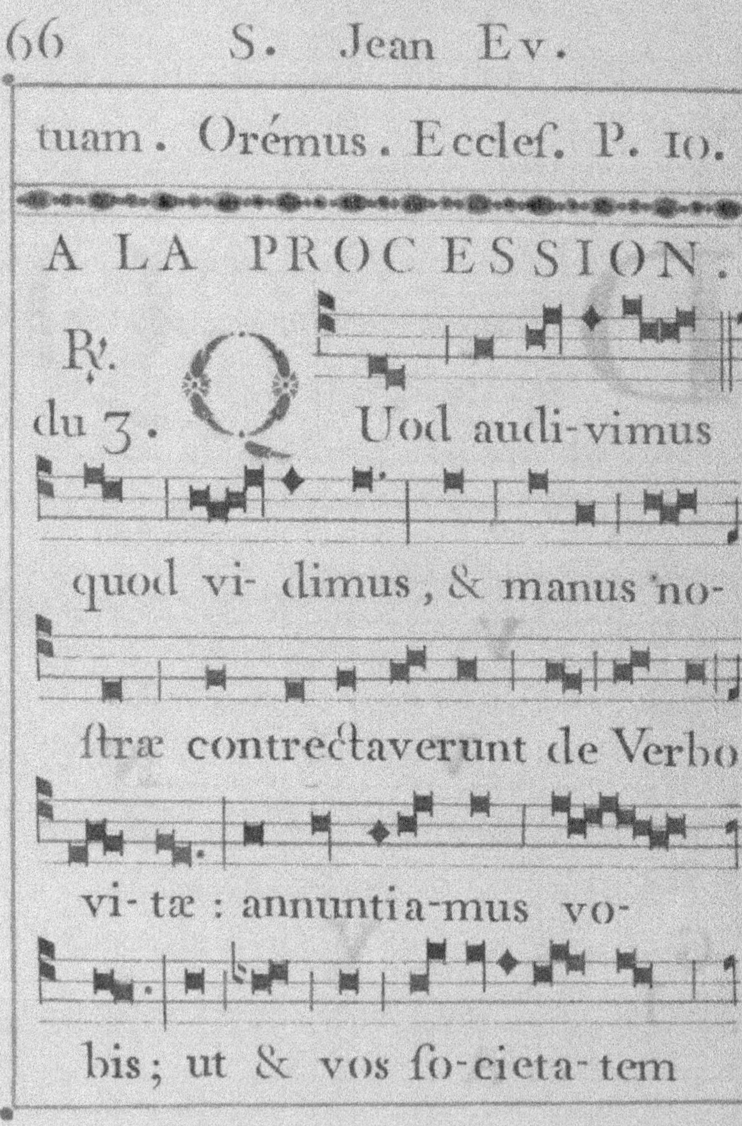
tuam. Orémus. Eccleſ. P. 10.
A LA PROCESSION.
℟. du 3. Quod audi-vimus
quod vi- dimus, & manus no-
ſtræ contrectaverunt de Verbo
vi- tæ : annuntia-mus vo-
bis; ut & vos ſo-cieta-tem

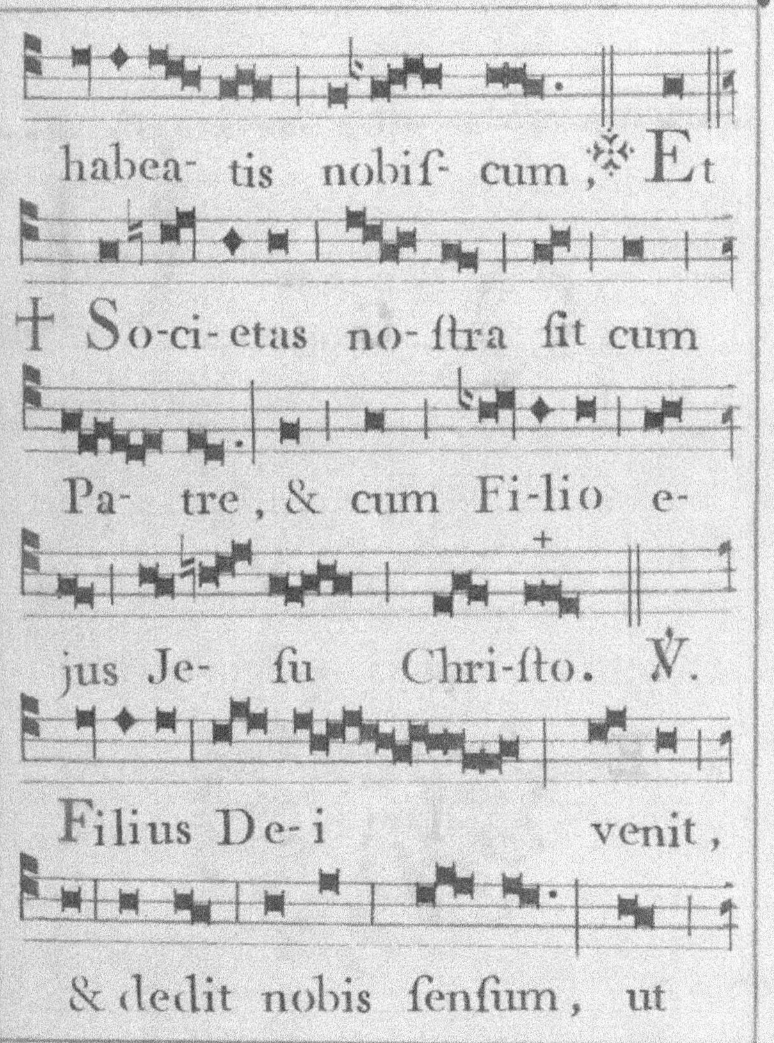
habea- tis nobis- cum, ✠ Et
✝ So-ci-etas no- stra sit cum
Pa- tre, & cum Fi-lio e-
jus Je- su Chri-sto. ℣.
Filius De-i venit,
& dedit nobis sensum, ut

℣. Ecce tu, Dómine, veritátem dilexifti: ℟. Incerta & occulta fapientiæ tuæ manifeftafti mihi.

Orémus.

DEus, qui per os beáti Apóſtoli tui Joannis, Verbi tui nobis arcána reſeraſti: præſta, quæſumus, ut quod ille noſtris áuribus excellenter infúdi, intelligéntiæ competentis eruditióne capiámus; Per eumdem Chriſtum Dóminum noſtrum. ℟. Amen.

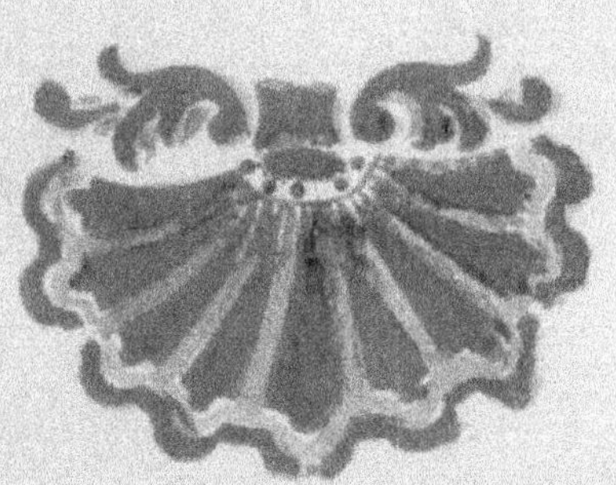

A LA MESSE. Introit. 4.

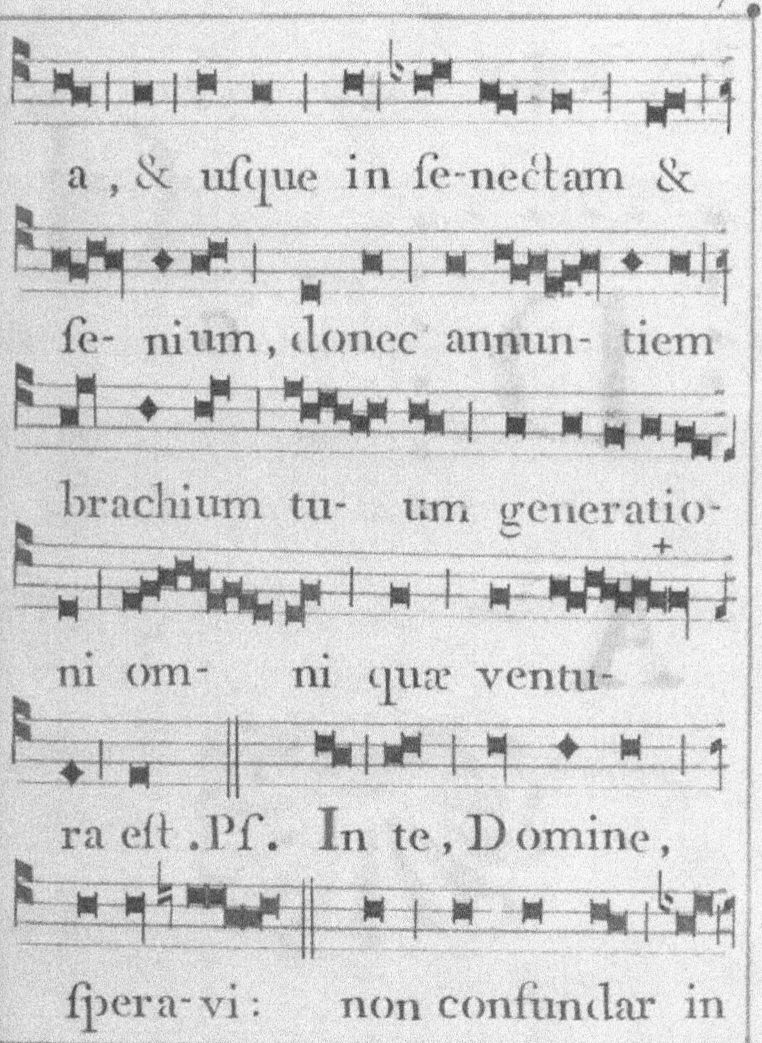
a, & usque in se-nectam &
se- nium, donec annun- tiem
brachium tu- um generationi om- ni quæ ventu-
ra est. Ps. In te, Domine,
spera-vi: non confundar in

confiden- ter in e- o:

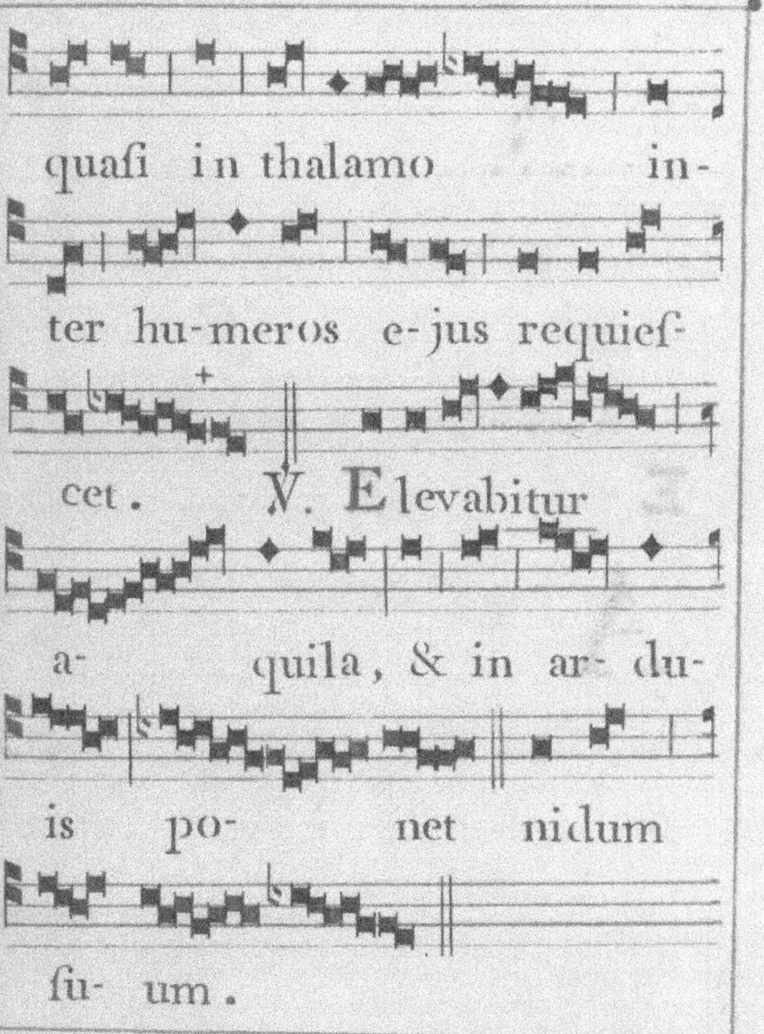

quasi in thalamo in-

ter hu-meros e-jus requies-

cet. ℣. Elevabitur

a- quila, & in ar- du-

is po- net nidum

su- um.

Du
6. C. ALleluia,
Allelu- ia.
℣.
Eruditus es in juventute tu- a,
& imple- tus
es quasi flu- men sapien-
ti-â.
PROSE
6. C.

U - Nanimes concurrite,
Citi volate populi; Joannis u-
na tollite Præconi-a diſcipuli.
2. Quem amor Chriſti ſeligit,
Potenti voce trahitur: Quem
amor Chriſti ſubigit, Chriſto

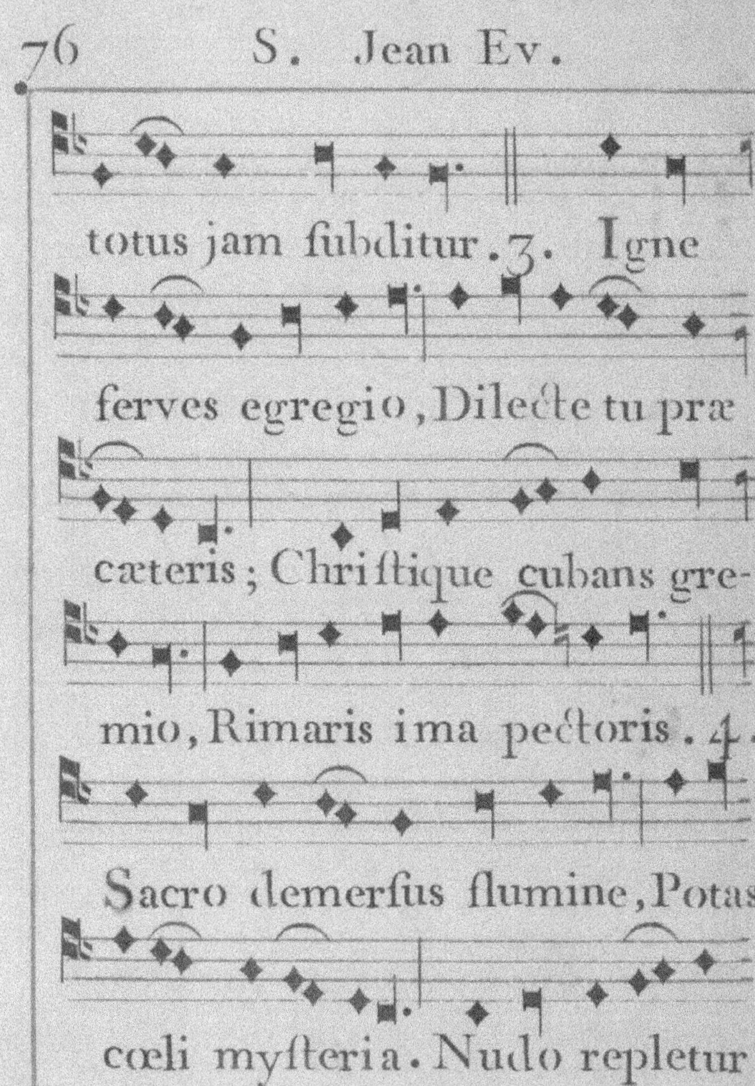
totus jam ſubditur. 3. Igne
ferves egregio, Dilecte tu præ
cæteris; Chriſtique cubans gre-
mio, Rimaris ima pectoris. 4.
Sacro demerſus flumine, Potas
cœli myſteria. Nudo repletur

Numine, Piè Deo mens e-bria.
5. Aquila cœlos penetrans, Di-
vino gaudes lumine; Numen-
que Verbum generans, Scissâ
lustras caligine. 6. In arbore
funereâ Dat amor Jesum cerne-

re ; Jeſuque crucem ignea Dat
caritas appetere . 7 . E latere
dum proſpicis Sacro profuſum
ſanguinem ; Dignus in matrem
ſuſpicis Tibi conceſſam Virginem . 8 . Rapit amor, & ci -

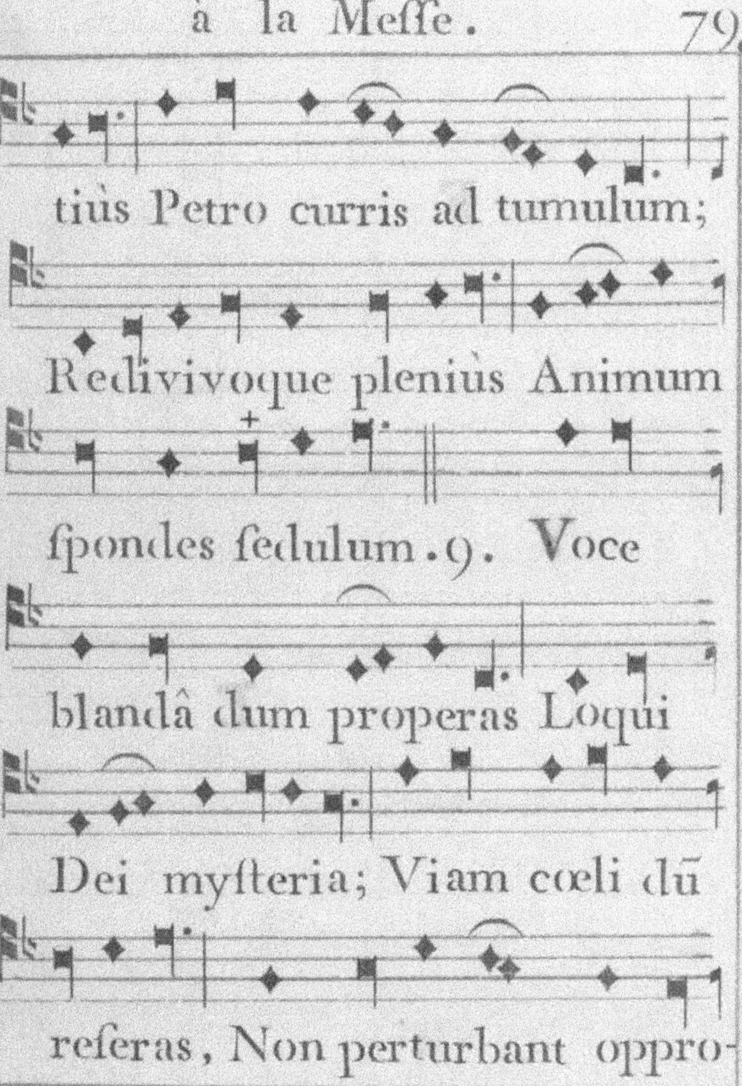
tiùs Petro curris ad tumulum;
Redivivoque plenius Animum
spondes sedulum. 9. Voce
blandâ dum properas Loqui
Dei mysteria; Viam cœli dū
reseras, Non perturbant oppro-

bria. 10. Ferventi mari ſterne-
ris; At flamma parcit ſegnior.
Oleo pugil ungeris, Indeque
prodis fortior. 11. Exul, ſed
De-o ſoci-o Perfrueris in In-
ſulâ: O-re ventura Præſci-o

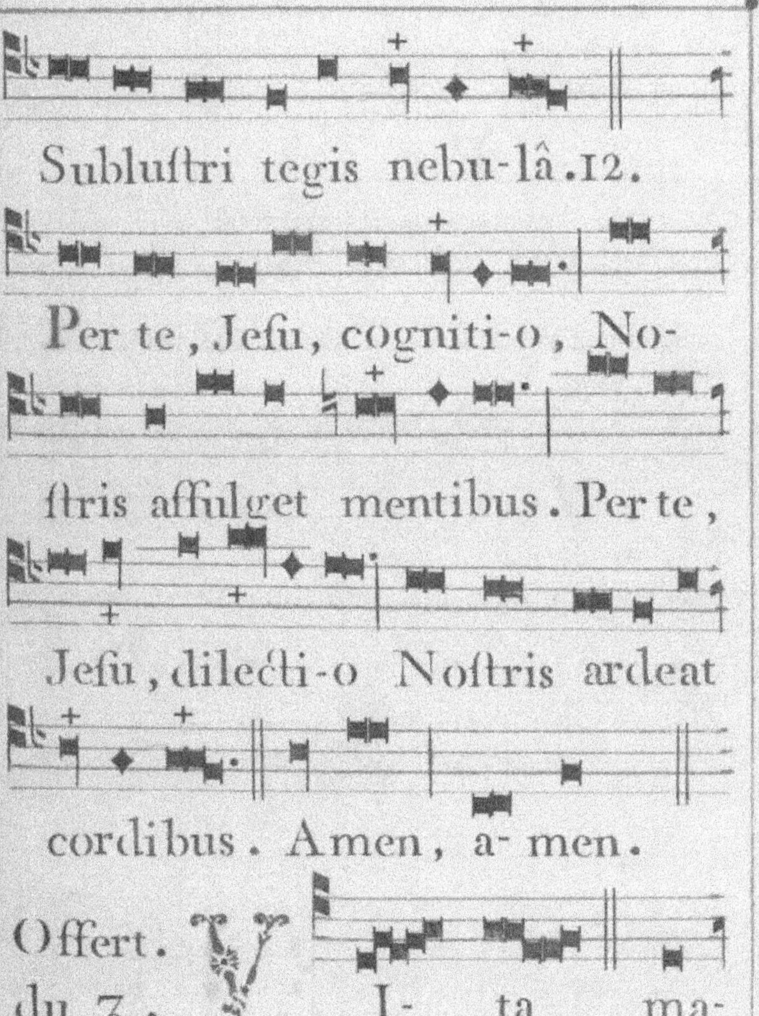

Offert. du 3. V I- ta ma-

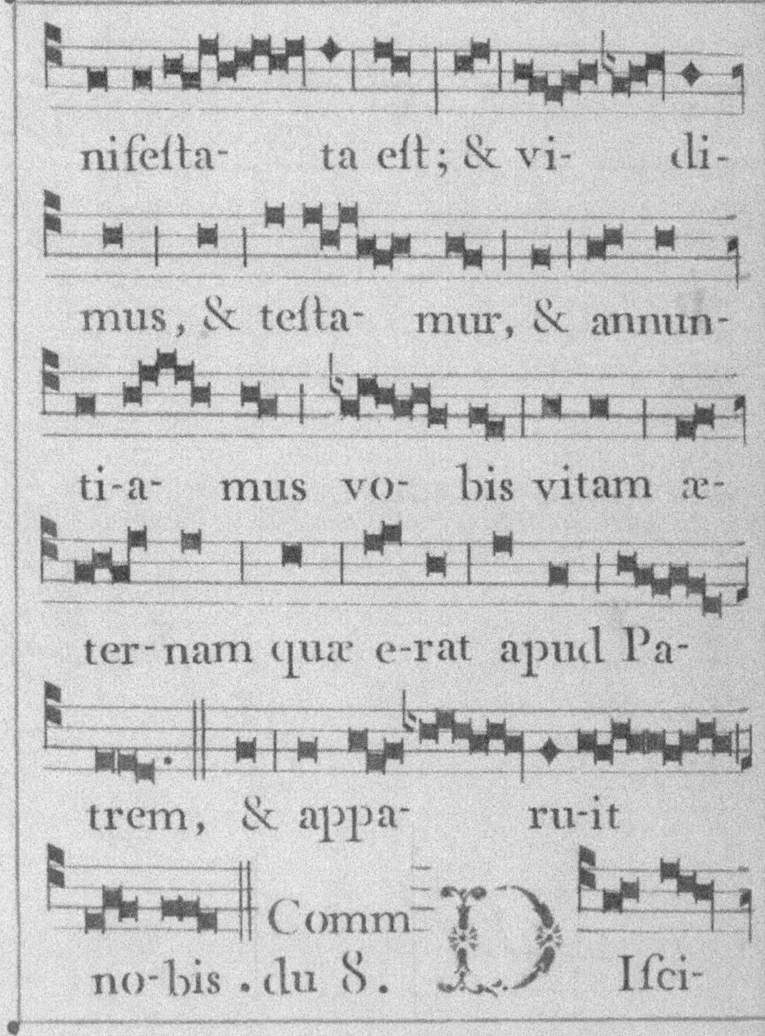
niſeſta- ta eſt; & vi- di-
mus, & teſta- mur, & annun-
ti-a- mus vo- bis vitam æ-
ter-nam quæ e-rat apud Patrem, & appa- ru-it
Comm
no-bis . du 8.
D
Iſci-

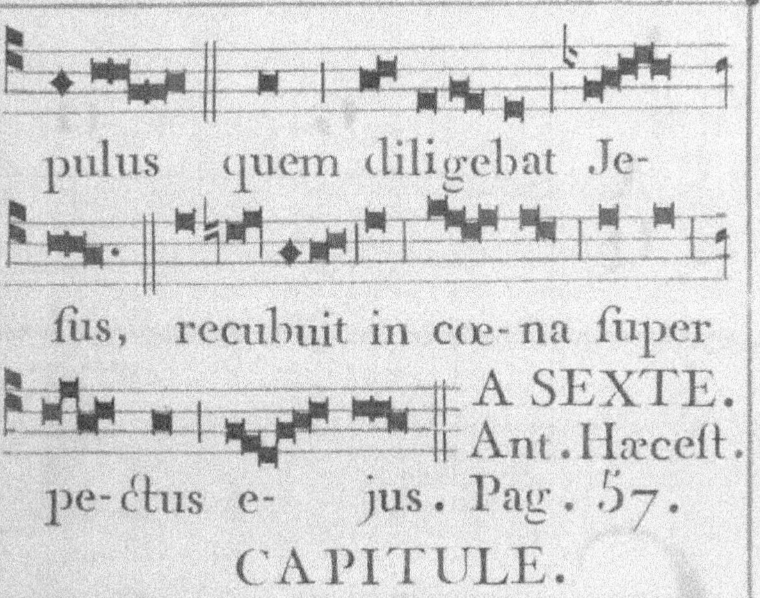

CAPITULE.

HÆc eſt cáritas, ut ambulémus ſecundùm mandáta ejus; hoc eſt enim mandátum, ut quemadmodùm audiſtis ab inítio, in eo ambulétis.

℟. br. Omnis conſummatiónis * vidi finem. * All. all. Omnis.

℣. Latum mandátum * tuum nimis. * All. all. Gloria Pa. Om.
℣. Ambulábam in latitúdine,
℟. Quia mandáta tua exquisívi.

A NONE. Ant. Sit vobiſ. P. 60.

CAPITULE.

GRátia vobis & pax ab eo qui eſt, & qui erat, & qui ventúrus eſt.

℟. br. Quàm ſpecióſi pedes * prædicantis pacem! * All. all. Quā
℣. Dicentis Síon * Regnábit Deus tuus. * All. all. Glória Pat. Quam
℣. Nominábitur tibi nomen à Deo

in ſempiternum: ℟. Pars juſtítiæ & honor pietátis. Orém. P. 10.

AUX II. VESP. Pſ. & Ant. P. 1.

Capitule.

EGo Joannes frater veſter & párticeps in tribulatióne, & regno, & patiéntia in Chriſto Jeſu, fui in inſula quæ appellátur Pâthmos, propter verbum Dei & teſtimónium Jeſu.

Hymn. du 4. SIt qui ri- tè canat te modò virginem, Te

Diri teſtis eras fúneris & comes;
Votis cum Dómino fixus eras
cruci:
Hoc tantùm lícuit tunc tibi, mútuis
Reſpondére dolóribus.

Pendens funéreâ Chriſtus ab árbore,
Te matri míſeræ jam ſine filio
Natum ſubſtítuit. Crédere vírginem
Quàm par eſt tibi vírginis !
Tali depóſito quid pretióſius ?
Mater vera Dei jam tua dícitur :
Natus jure pari dícere : mortui
Jactúram réparas Dei.
Chriſtus vocis egens, te moriéntibus,
Quà fas eſt, óculis diſcípulum docet ;
Ex illa cáthedra quam cruor ímbuit,
Terris prædicat ómnibus.

Christi fide comes, páſſibus
æmulis,
Quò te duxit amor, te líceat ſequi:
Ingens ille mihi ſit favor & pati
Cum Chriſto, ſimul & mori.
Sit laus ſumma Patri ſummaque
Fílio:
Sit par, ſancte, tibi glória, Spíritus
Hæc eſt certa fides, fóntibus é tuis
Quam divínitùs háuſimus. Amen.

℣. Tribuiſti ei, Dómine, longitúnem diérum in ſéculum:
℟. Magna eſt glória ejus in ſalutári tuo.

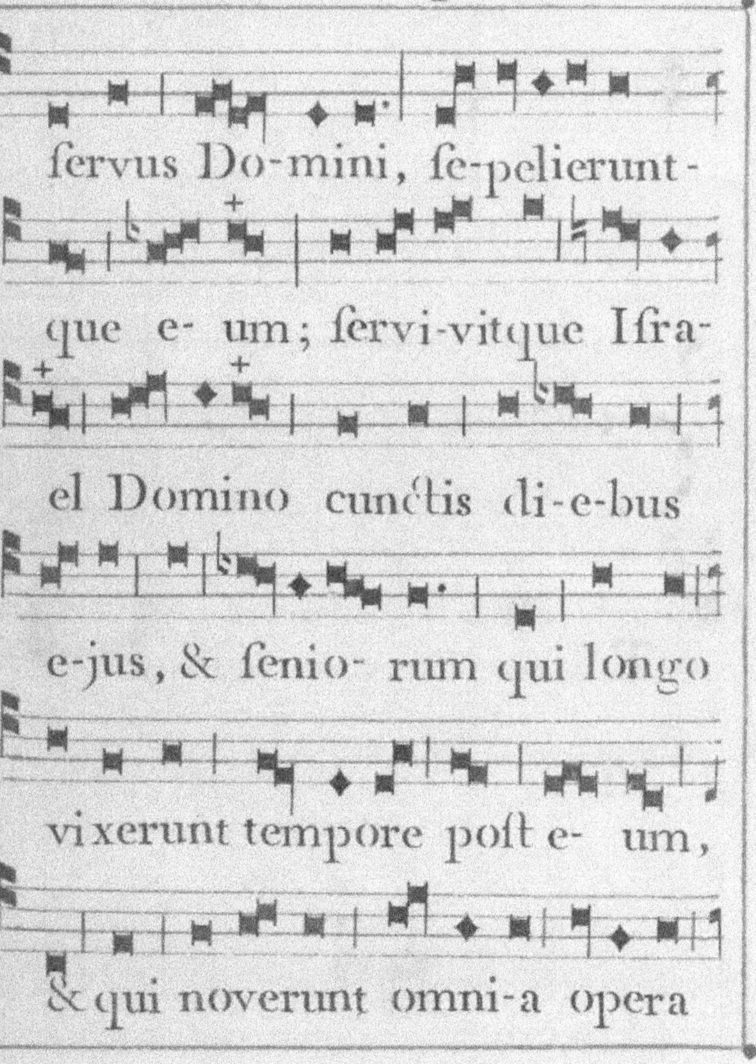
fervus Do-mini, fe-pelierunt-
que e- um; fervi-vitque Ifra-
el Domino cunctis di-e-bus
e-jus, & fenio- rum qui longo
vixerunt tempore poft e- um,
& qui noverunt omni-a opera

Domini quæ fe- cerat.
Orémus. Ecclésiam. Pag. 10.
Mém. des SS. Innocens. du 3.
Contemplamini & vo-
cate lamentatrices: assumant su-
per nos la- mentum; quia mors
ingressa est domos nostras, dis-

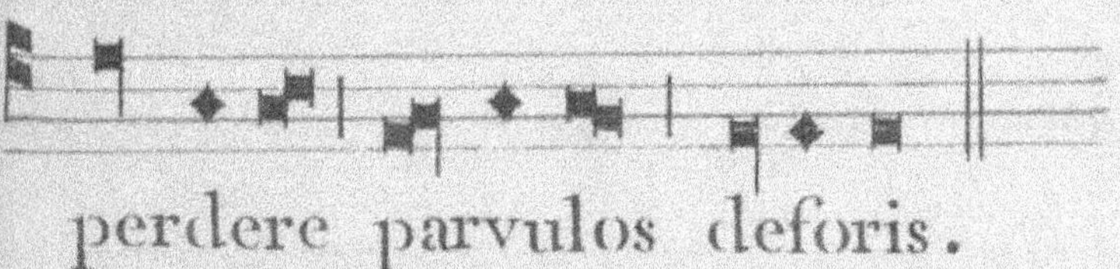

℣. Captábunt in ánimam Juſti;
℟. Et ſánguinem innocentem condemnabunt.

Orémus.

DEus, cujus hodiernâ die præcónium Innocentes Mártyres non loquendo, ſed moriendo confeſſi ſunt: ómnia in nobis vitiórum mala mortífica; ut fidem tuam quam lingua noſtra lóquitur, étiam móribus vita fateátur; Per.

Mém. de Noel, Ant. Filius. P. 13.
Orémus. Concéde. . . P. 14.

A Complies. Pf. du Dimanche, Ant. Qui fratrem. Pag. . 14. .

AU SALUT. ℟. Pag. 53. .
La Profe, Unanimes. P. 75.

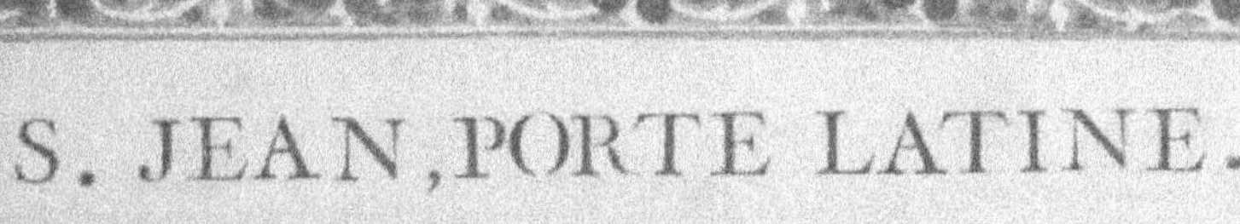

S. JEAN, PORTE LATINE.

Grand-Solemnel.

AUX I. VESP. Pf. du Samedi.

Ant. 3. à. HÆc dicit primus & noviffimus, qui fu-it mortuus, & vivit: Nihil horum ti-meas quæ paffurus

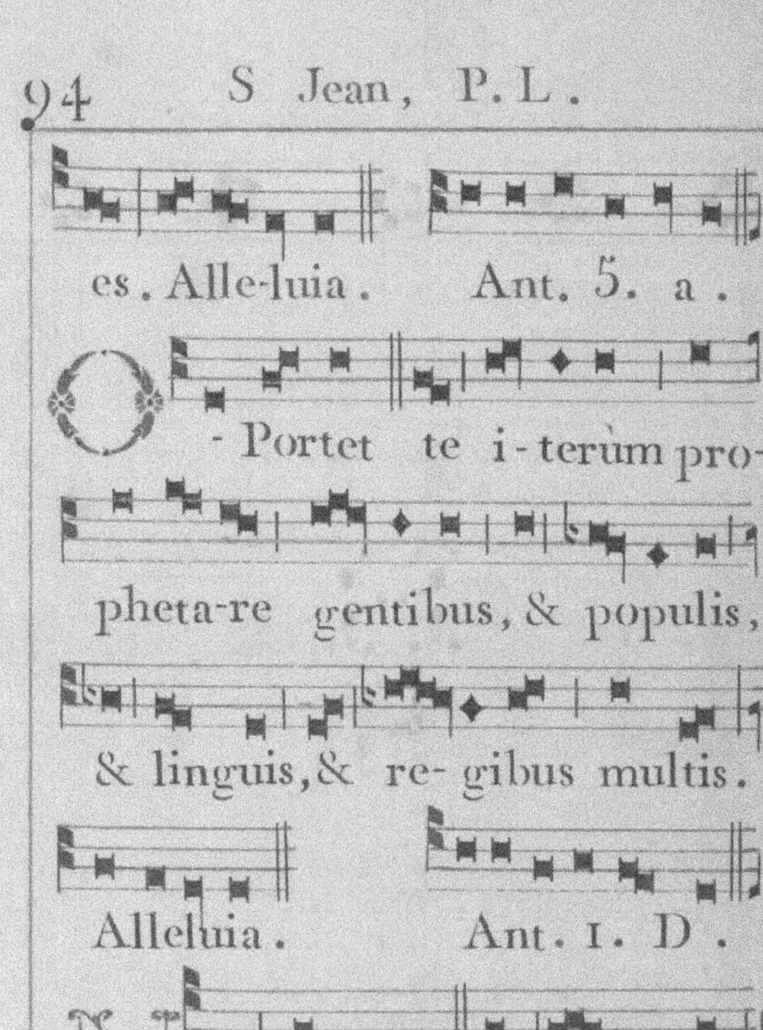
es. Alle-luia. Ant. 5. a.
O-Portet te i-terùm pro-
pheta-re gentibus, & populis,
& linguis, & re- gibus multis.
Alleluia. Ant. 1. D.
NE ti-meas à fa- cie

eo-rum qui libaverunt di-is
a-lie-nis, & adora-verunt opus
manuum sua-rum. Alle- luia.
Ant. 2. D. B Ella- bunt
ad ver-sùm te, & non præva-
le- bunt; quia e- go te- cum

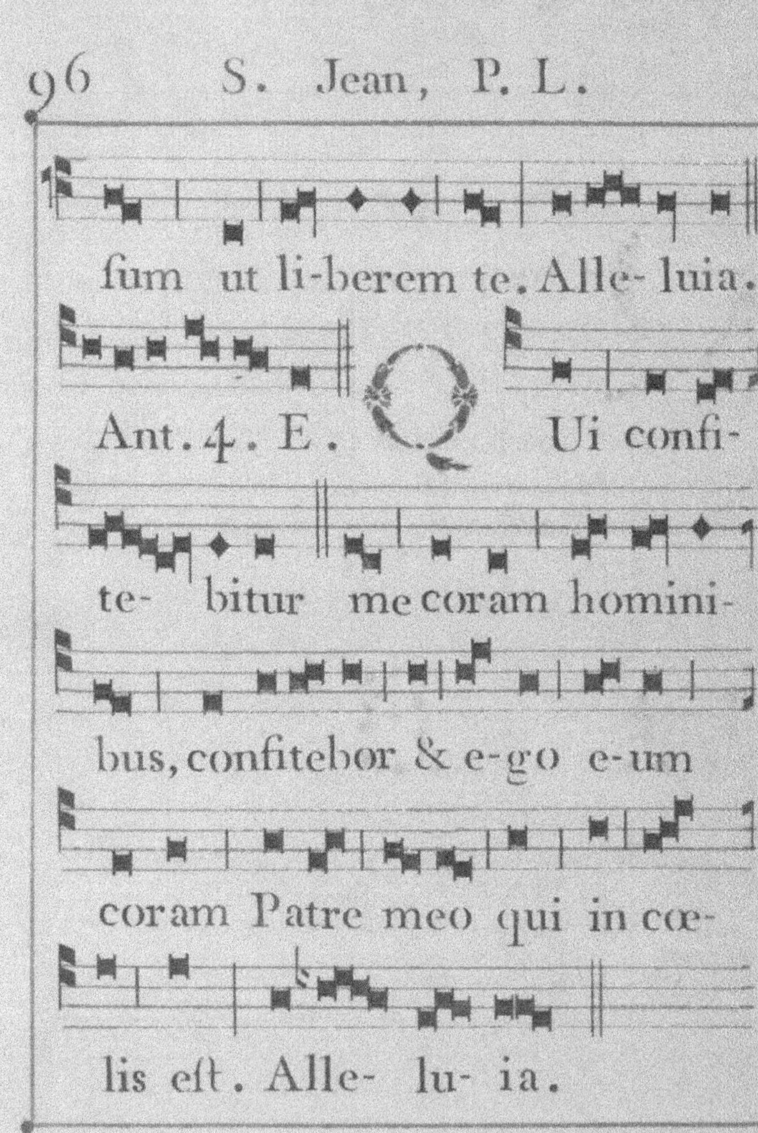
ſum ut li-berem te. Alle- luia.
Ant. 4. E. Q Ui confi-
te- bitur me coram homini-
bus, confitebor & e-go e-um
coram Patre meo qui in cœ-
lis eſt. Alle- lu- ia.

Capitule.

QUisquis confessus fúerit quóniam Jesus est Fílius Dei, Deus in eo manet, & ipse in Deo : & nos cognóvimus, & credídimus caritáti habet Deus in nobis. ℟. Deo grátias.

℟. du 1.

ne, non combure- ris, & ✻
Flam-ma non ar-de- bit in
te; qui- a † Ego Dominus
Deus tu- us, Sanctus Iſ-
rael, Salva- tor tu-us; ego
dile- xit te. Allelu- ia,

al-le- lu- ia. ℣. Scient

om-nes quia e-go di-le-xi

te; quo- niam servasti verbũ

patienti-æ meæ, & e- go

serva- bo te ab ho-ra tenta-

ti-o- nis. ❄ Flam. Glo-

ri-a Patri, & Fi- li-o,
& Spi-ri- tu-i ſan-
Hymne.
cto. ✝ Ego. 6. C.
E
Xtra latinam currite
præpetes Portam, profanos ím-
pia gens deos Vanis colentes

Verum Joannes voce ſonans Deũ
Spectandus illîc, hóſtia nóbilis,
Inter furentes ſtans tyrannos,
Ignívomo nátitans olívo.

Auderet artus virgíneos flagrans
Torrére fornax? non venerâbitur
Sanctos amóres, non Magiſtri
Qui médiis requiévit ulnis?

Flammas liquentes quâ ſúperat fide!

Mitescit ignis, bálnea róborant :
Vigor renascens corpus intrat,
Supplíciis renovantur anni.
Quæ tot subactos império duces
Jactas, triumphis Roma superbiens,
Agnosce temet nunc subactam
Prodígiis stupefacta tantis.
Laus summa Patri, summaque
Fílio,
Sit summa sancto laus quoque
Flámini,
Quo fortis emergit Joannes
Innócuo vegetátus æstu. Amen.
℣. Impinguasti in óleo caput meum:
℟. Et calix meus inébrians quàm
præclárus est.

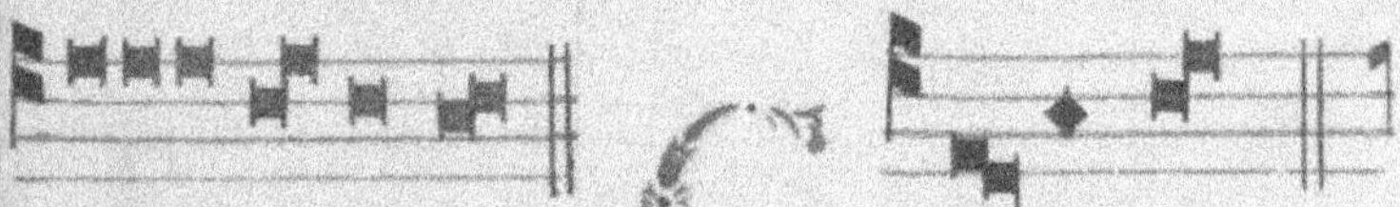

Mag. 3. a. CAlicem 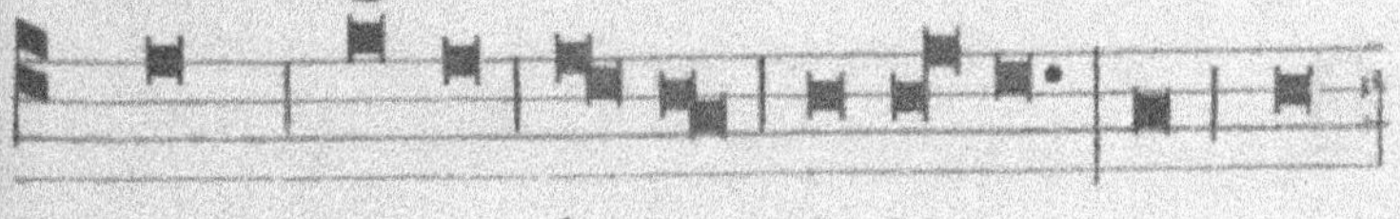 quem ego bibo, bibetis; & baptismo quo e-go bapti-zor, baptizabimini. Alleluia.

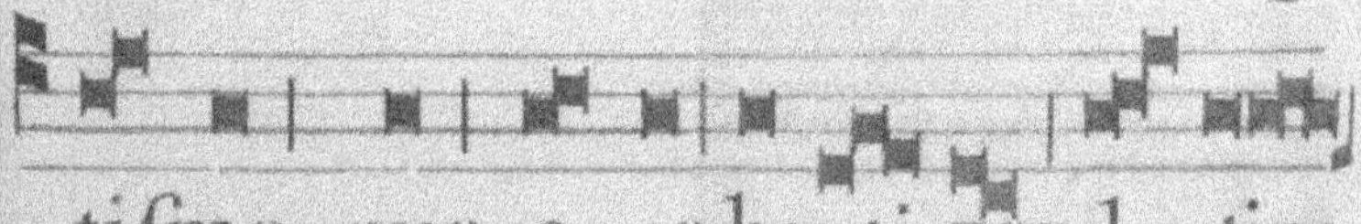

Orém. Deus. Pag. 127.

Mém. du Dimanche. P. 154.

A Complies. Ant. P. 14. D.

Hymn. 6. C. JEsu redemptor secu-

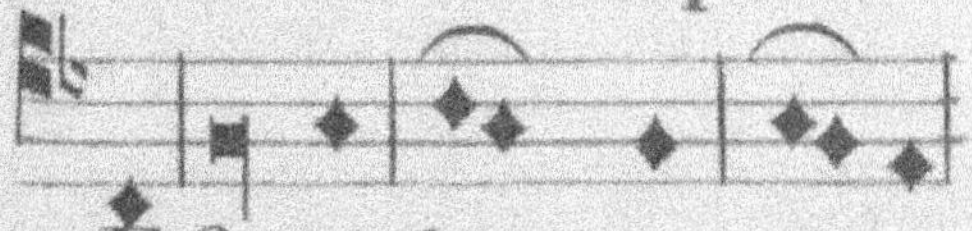

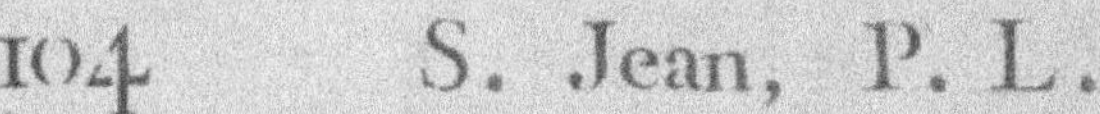

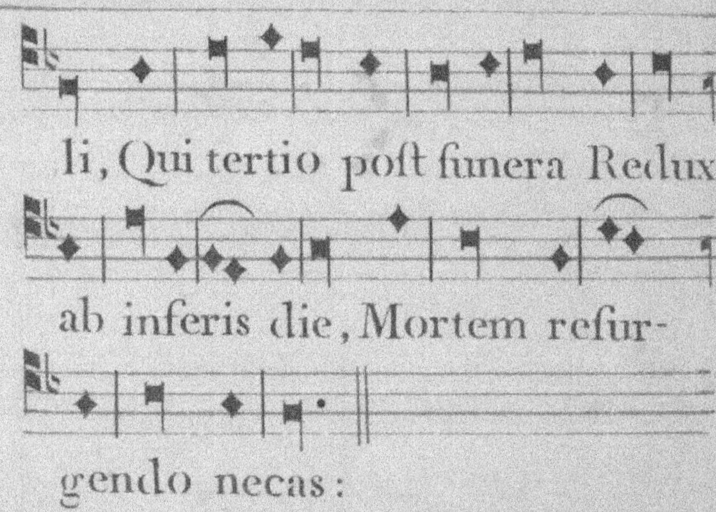

Nox atra jam terras premet,
Mergetque ſomno lúmina:
Hoſtis furórem pérfidi,
Arteſque cæcas díſjice;
Ut juſta dum curas levat,
Et corpus inſtaurat quies,
Sic membra ſomnus óccupet,
Ne corda torpor ópprimat.

DOXOLOGIE.

Da, Christe, nos tecum mori;
Tecum simul da surgere:
Terréna da contémnere;
Amáre da cœléstia.

Sit laus Patri; laus Fílio
Qui nos triumphátâ nece,
Ad astra secum dux vocat:
Compar tibi laus, Spíritus. Amen.

A Nuc dimit. Ant. Pag. 17.

URbem Romuleam quis

In fervens ólei conjícitur mare:
Nil æstus nócuit, flamma sed hospiti
Parcit blanda suo: ceu pugil úngitur,

Hinc & fórtior éxilit.
Edicto stériles pulsus in ínsulas,
Exul tunc sócio per frúitur Deo:
Hîc ventúra videt quæ cálamo notans,
Sublustri nébulâ tegit.
Sic nos Christus amet, sic doceat pati;
Discamusque mori, simus ut & necis
Sacræ partícipes: non áliis patet
Cœlum conditiónibus.
Patri máxima laus, máxima Fílio,
Amborumque sacro máxima Flámini:
Hæc est certa fides fóntibus é tuis
Quam divínitùs háusimus. Amen.

Pſ. Deus, áuribus noſtris.
Exudi. . cùm deprecor.
Cantáte Dómino.

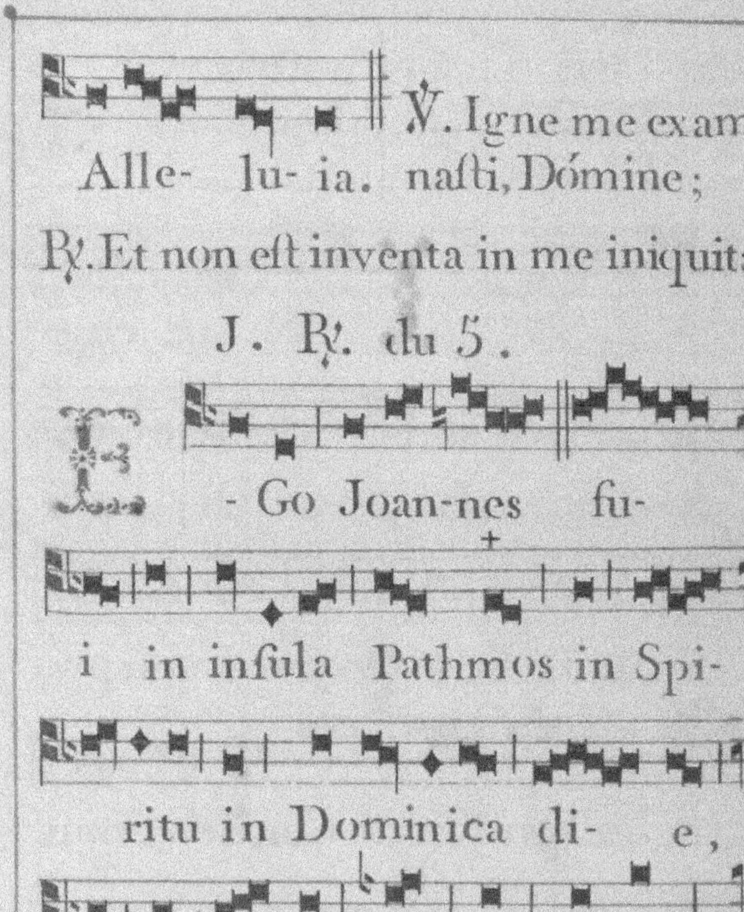
Alle- lu- ia.
℣. Igne me exami nasti, Dómine;
℟. Et non est inventa in me iniquitas
J. ℟. du 5.
E - Go Joan-nes fu-
i in insula Pathmos in Spi-
ritu in Dominica di- e,
& audi- vi post me vocem

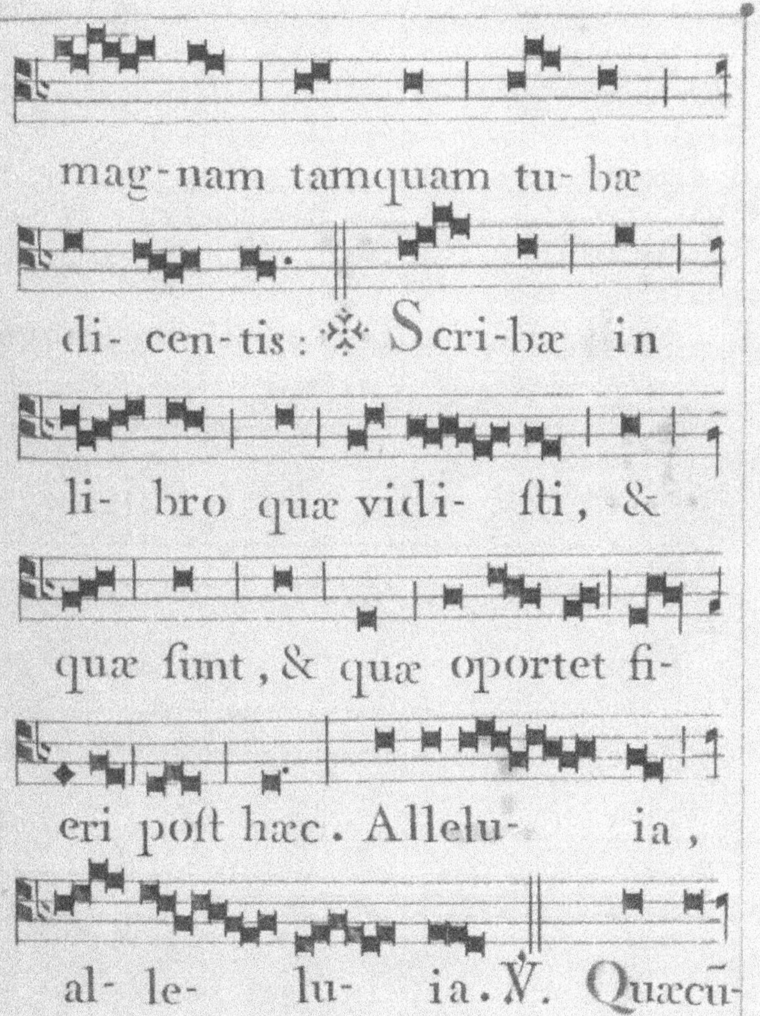
mag-nam tamquam tu- bæ
di- cen-tis : ✻ Scri-bæ in
li- bro quæ vidi- ſti, &
quæ ſunt, & quæ oportet fi-
eri poſt hæc. Allelu- ia,
al- le- lu- ia. ℣. Quæcũ-

que ſunt abſconſa & im-
provi-ſa, di-di-ci; omnium
e-nim ar- ti-fex do- cuit me
ſapien- ti-a. ❊ Scribe.
IJ. ℟. du I. L I-bera- ſti me
De- us, ſecundùm multitu-

dinem misericor- diæ no-mi-
nis tu- i à pressura flammæ
quæ circum- dedit me; & ✠
In medio ig- nis non sum
æstu-a- tus. Allelu-
ia, al-le- lu- ia. ℣.

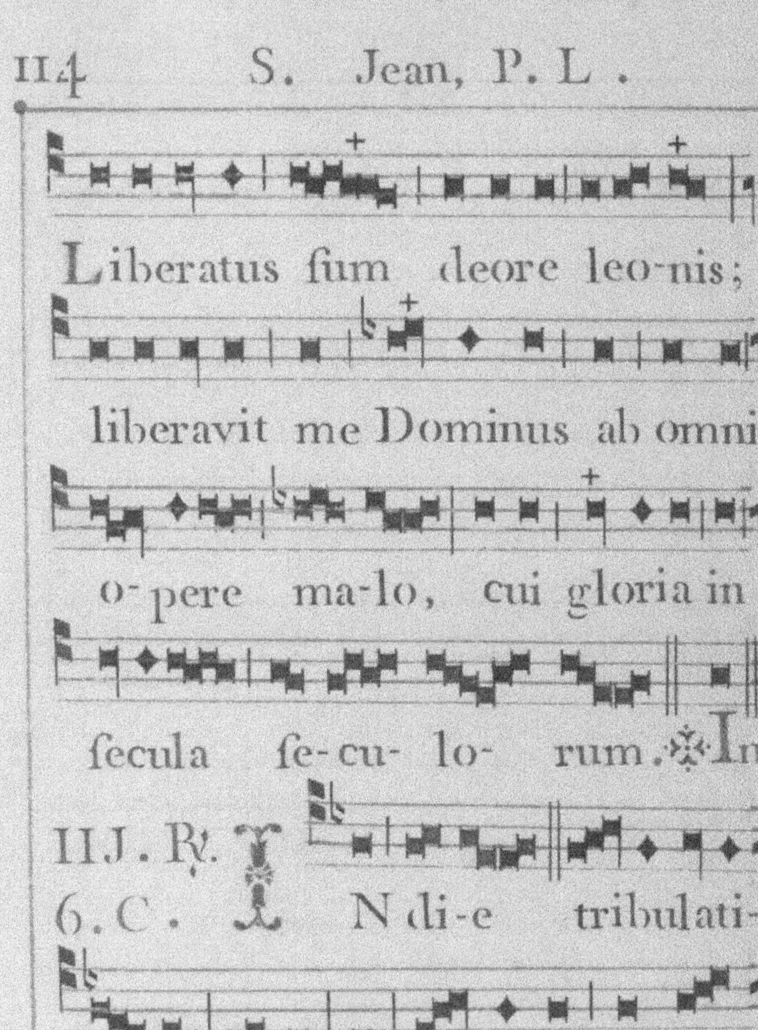
Liberatus ſum deore leo-nis;
liberavit me Dominus ab omni
o-pere ma-lo, cui gloria in
ſecula ſe-cu- lo- rum. In
IIJ. ℟.
6. C. I N di-e tribulati-
o-nis e-go in Domino gaude-

bo, & ※ Exulta- bo in
De- o Je- su me- o.
De-us Do- minus fortitu-do
me- a dedu- cet me vi-
ctor. Allelu- ia, alle-
lu- ia. ℣. Gra-ti- as a-

℣. S. Vivit Dn̄us, & benedictus Deus meus: ℟. Liberátor meus de inimícis meis iracundis.

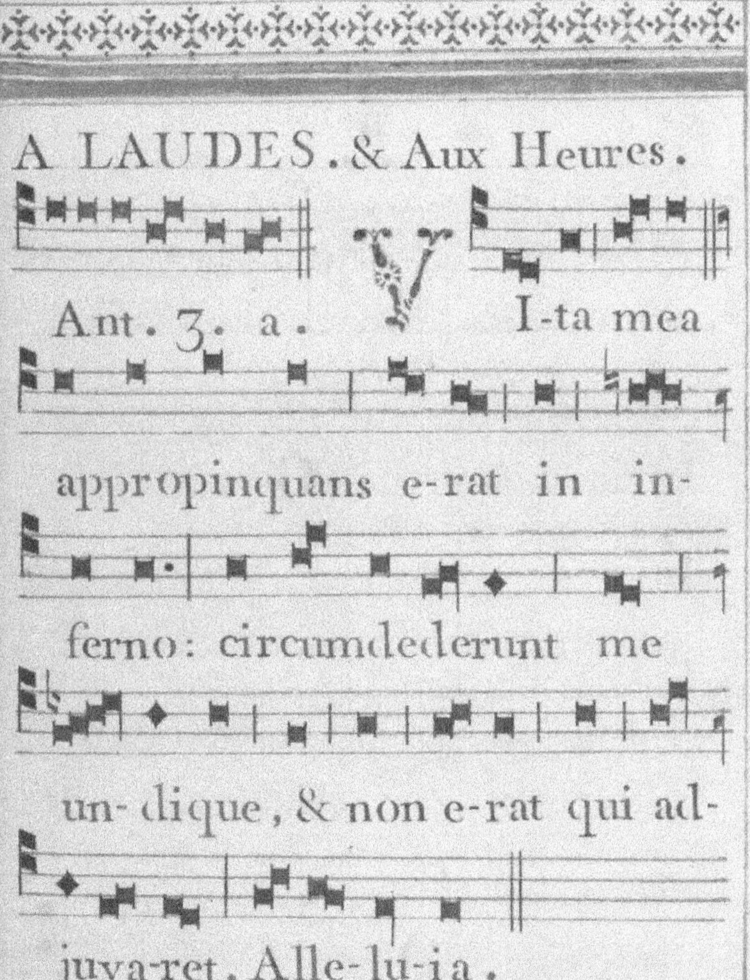
A LAUDES. & Aux Heures.
Ant. 3. a. V I-ta mea
appropinquans e-rat in in-
ferno: circumdederunt me
un-dique, & non e-rat qui ad-
juva-ret. Alle-lu-i a.

Ant. 6. C. I Nvocavi
Dominum Patrem Domini
mei, ut non derelinquat me
in tempore ſuperborum ſi-ne
adjutorio; & exaudita eſt ora-ti-
o mea. Alleluia.

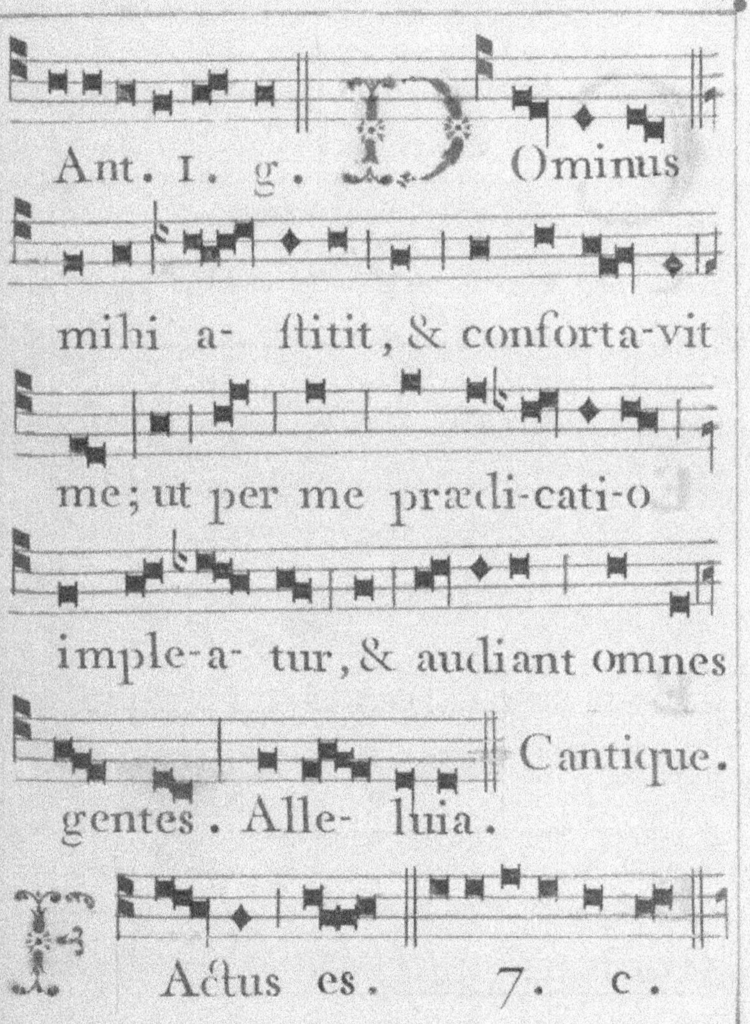
Ant. I. g. DOminus
mihi a- ſtitit, & conforta-vit
me; ut per me prædi-cati-o
imple-a- tur, & audiant omnes
gentes. Alle- luia.
Cantique.
FActus es. 7. c.

COnfitébor tibi Dómine Rex & collaudábo te Deum Salvatórem meum.

Confitébor nómini tuo,* quóniam adjútor & protector factus es mihi.

Et liberasti corpus meum à perditióne,* à láqueo linguæ iníquæ;

Et à lábiis operántium mendácium;* & in conspectu astántium factus es mihi adjútor.

Et liberasti me, secundùm multitúdinem misericórdiæ nóminis

tui,* de mánibus quæréntium ánimam meam.

A pressúra flammæ quæ circũdedit me;* & in médio ignis non sum æstuátus;

De altitúdine ventris ínferi, & à lingua coinquináta, & à verbo mendácii,* & à rege iníquo, & à lingua injusta.

Memorátus sum misericórdiæ tuæ, Dómine, & operatiónis tuæ;* quæ à sǽculo sunt;

Quóniam éruis sustinentes te, Dómine,* & líberas eos de mánibus géntium.

Proptéreà confitébor & laudem dicam tibi,* & benedícã nómini Dómini.

FActus es, Domine, forti-

tu- do e-geno in tribulatio-

ne ſu-a, ſpes à turbine, umbra-

culum ab æſtu. Alle- lu- ia.

Ant. 4. E. IN his om-

nibus ſupera-mus, propter e-

CAPITULUM.

POsuit Fílius hóminis déxteram ſuam ſuper me, dicens : Noli timére ; ego ſũ primus & noviſſimus ; & vivus, & fui mórtuus ; & ecce ſum vivens in ſécula ſeculórum.

Hymne. du 5.

Fœcunda ſurgens ubera, Fon-

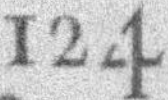

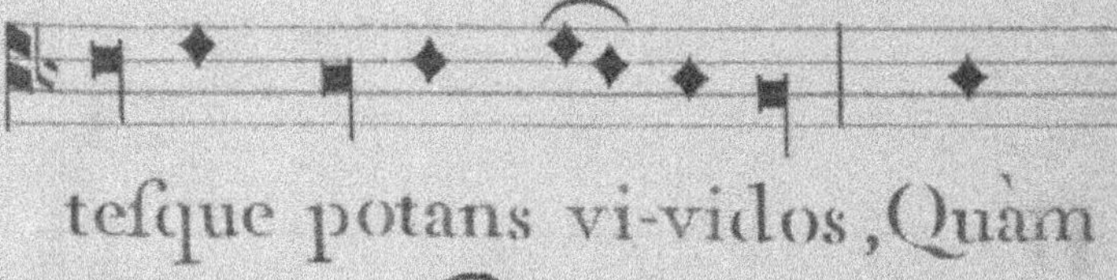

tesque potans vi-vidos, Quàm

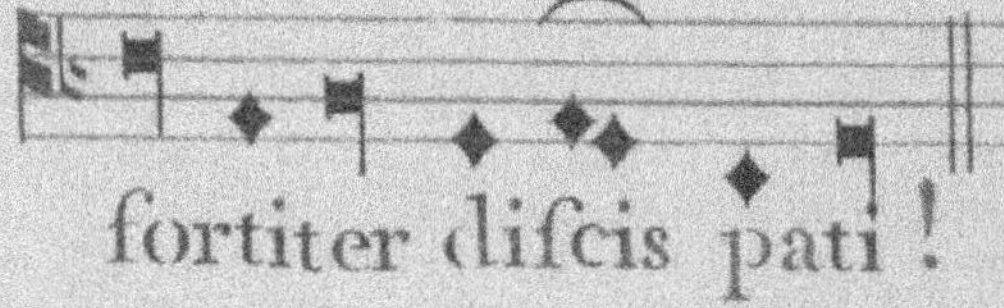

fortiter discis pati !

Dum Christus orbi pérdito
Fundébat ultrò sánguinem,
Hinc robur hausisti, pio
Spectátor astans funeri.

Hinc dulce libas póculum,
Hoc ébrius musto cales :
Mortem sitis, pœnam bibis
In férvidum missus mare.

Illæsus igníto lacu,
Dilecte Christo, dum migras,

In díſſitam mundi plagam
Præclárus exul mítteris.
Hæc pœna blandítur tibi:
Felix erémi váſtitas
Te fórtiùs jungens Deo,
Arcána monſtrat ætheris.
Huc mente raptus détegis
Siónis æternæ domos,
Regnantis Agni núptias,
Summæquæ pompam Cúriæ.
Ne fléveris; clauſus liber
Fractis ſigillis panditur:
Sonántibus vides tubis
Quæ fixa ſors mortálibus.
Huc noſtra votis ánxiis
Fac corda ſemper téndere:

Fac véritas, fac cáritas,
Quas nos doces, nos ímpleant.

Da, Chrifte. & Sit laus. P. 105.

℣. Rédimit Dóminus de intéritu vitam tuam: ℟. Renovábitur ut áquilæ juventus tua.

A BENEDICTUS.

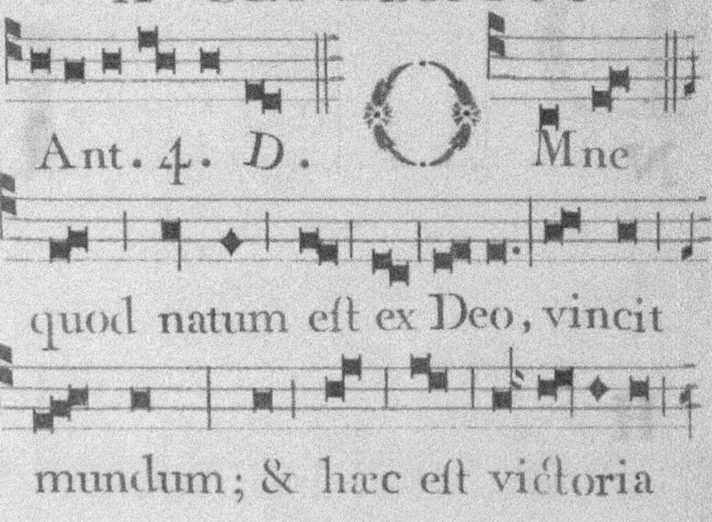

Orémus.

DEus, qui cónſpicis quia nos úndique mala noſtra perturbant: præſta, quæſumus, ut beáti Joannis Apóſtoli tui & Evangeliſtæ conféſſio glorióſa nos prótegat; Per Dóminum noſtrum Jeſum Chriſtum. &c.

Mém. du Dimanche. Pag.

Aux Heures, Doxologie. P. 105.

A PRIME. Ant Vita mea. P. 117.

℟. br.

Qui ſurrexiſti * à mortuis. All.

CANON.

ISta quàm felix Ecclésia cui totam doctrínam Apóſtoli cum ſánguine ſuo profudérũt, ubi Petrus paſſióni Domínicæ adæquátur, ubi Paulus Joannis éxitu coronátur, ubi Apóſtolus Joannes, poſteáquàm in óleum ígneum demerſus, nihil paſſus eſt, in ínſulam relegátur! Tu autem.

Ant. Invocávi Pag. . 118. .

CAPITULE.

DEus ipſe dixit: Non te deſéram, neque derelinquam; ita ut confidenter dicámus: Dóminus mihi adjútor, non timébo quid faciat mihi homo.

℟. br. In Deo ſperávit cor meum,* & adjútus ſum.* All. all. In ℣. Et reflóruit * caro mea.* All. Glória Patri. In. ℣. Dóminus mihi adjútor: ℟. Non timébo quid fáciat mihi homo.

Orémus. Deus. &c. P. 127. .

A LA PROCESSION. ℟. du 5.
J E-ſum De-us ſuſcita-
vit terti-â di-e, & dedit e-
um manife-ſtum fi- eri nobis, & præcepit nobis prædica-
re po- pulis & teſtifica- ri,
* Quia ipſe eſt qui conſtitu-

tus eſt à De-o ju- dex vi-
vo- rum & mor-tu-o- rum.
Allelu- ia, al- le- lu-
ia. ℣. Quod audi- vi-
mus, quod vidimus o- culis
no-ſtris, quod perſpe-ximus

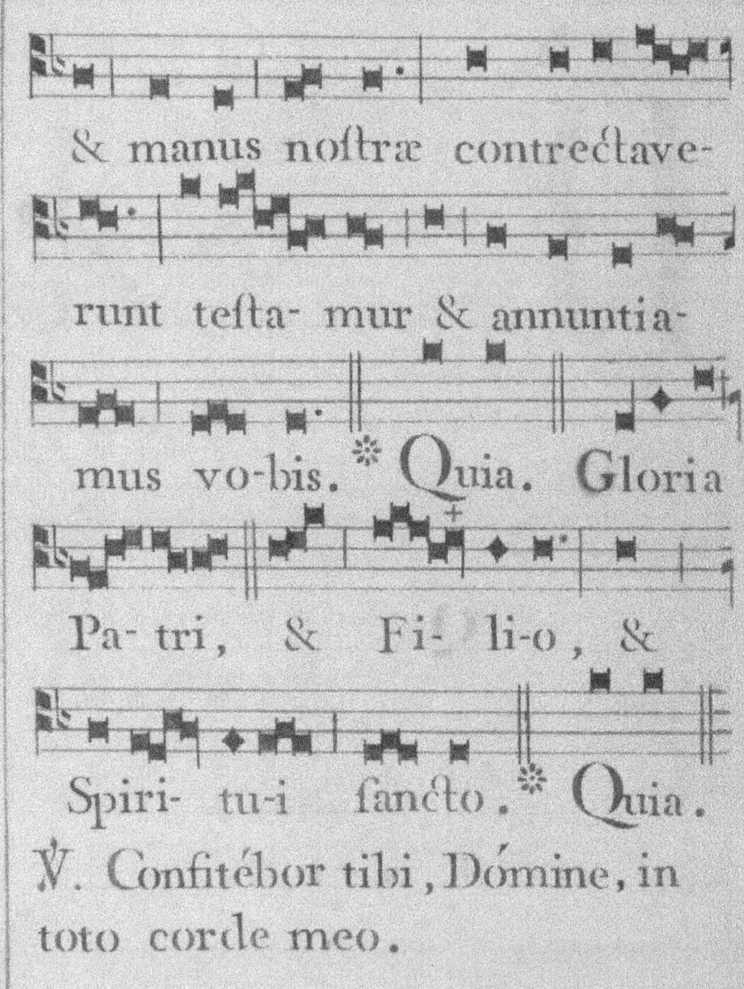

℣. Confitébor tibi, Dómine, in toto corde meo.

Orémus.

DEus, qui beátum Joannē partícipem in tribulatióne & patiéntia Dómini Jesu, óleo sanctæ unctiónis unxisti : fac nos tantæ imitatióne virtútis communicantes ejusdem Christi Fílii tui passiónibus sic gaudére, ut in revelatióne glóriæ ejus gaudeámus exultantes ; Qui tecum vivit & regnat in sécula seculórum. ℟. Amen.

A LA MESSE. Introit. 4.

tor tu- us. Allelu-ia, al-
le- lu- ia. Ps.
Di- ligam te, Domi-ne,
forti-tu-do mea: Dominus
firmamentum meum, & refugi-
um meum, & liberator meus.

Glo-ri- a. S. A-men.
A L-le- lu- ia,
Alle- lu- ia. ℣.
Probavit me Dominus qua-
si au- rum quod per ignem
tran-sit: vesti-gia e- jus

ſecu- tus eſt pes me- us
Du 3.
A Llelu- ia,
Allelu- ia. ℣.
Bea- ti qui la- vant ſto-
las ſu- as in ſanguine

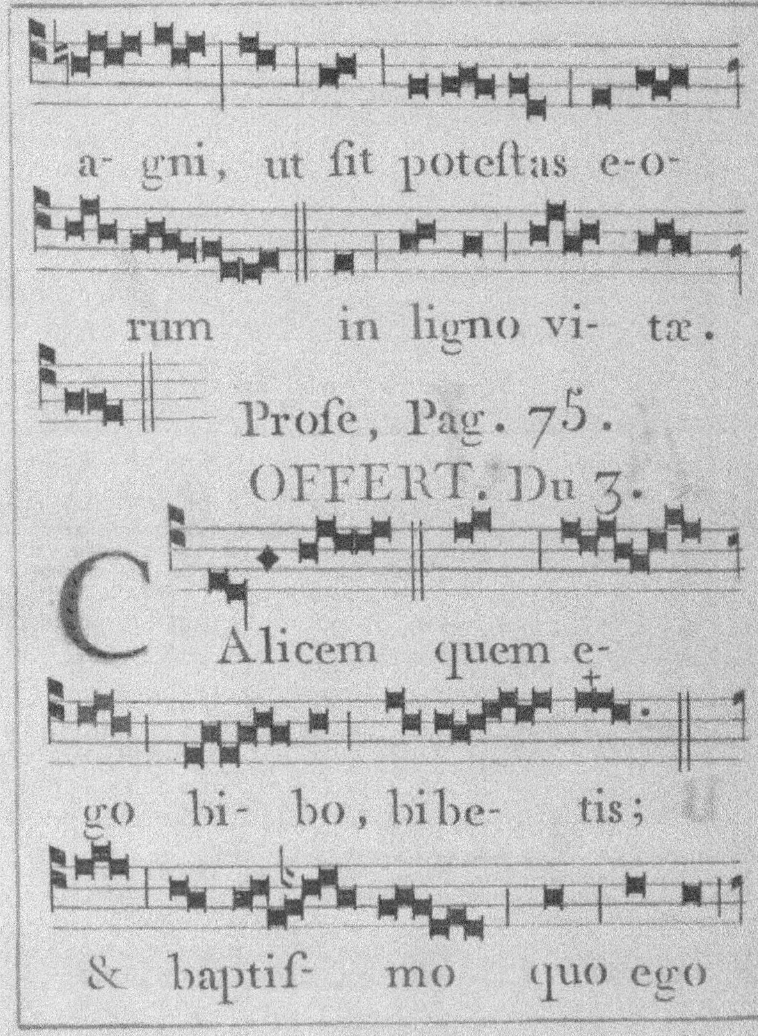
a- gni, ut ſit poteſtas e-o-
rum in ligno vi- tæ.
Proſe, Pag. 75.
OFFERT. Du 3.
CAlicem quem e-
go bi- bo, bibe- tis;
& baptiſ- mo quo ego

bapti- zor, bap-ti-zabi- mi-
ni, Alle- lu- ia.
Comm.
du 7.
J Oan-nes te-
ſtimo- nium per hi- buit
ver- bo De- i, & teſti-
mo- nium Je-ſu Chri- ſti,

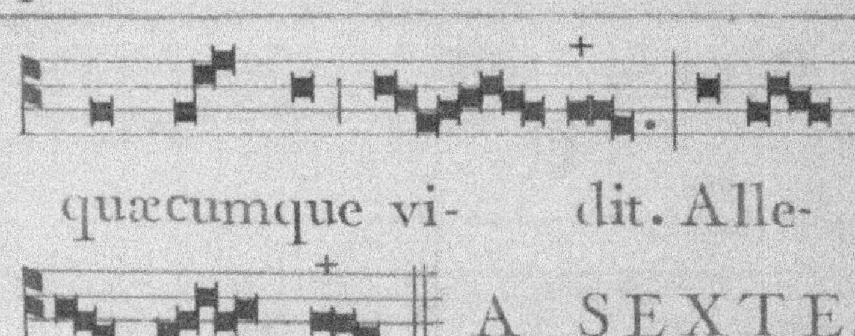

A SEXTE.

Ant. Dñus. P. 119.

Capitule.

QUi vícerit & custodíerit usque in finem ópera mea, dabo illi potestátē super gentes.

℟. br. Loquébar de testimóniis tuis * in conspectu regum. * Allelúia, alleluia. Loquébar.
℣. Et non * confundébar. * All.
Glória Patri. Loquébar.

℣. Exaltas me, Dómine, de portis mortis; ℟. Ut annúntiem omnes prædicatiónes tuas.

Orémus. Pag. 127.

A NONE. Ant. In his. P. 122.

CAPITULE.

BEnedictus vir qui confidit in Dómino; & erit Dóminus fidúcia ejus, & non timébit cùm vénerit æstus.

℟. br. Dómine, Dómine, * virtus salútis meæ. * Alleluia, allel. Dóm. ℣. Obumbrasti super caput meum * in die belli. * All. all

Glória Patri. Dómine. ℣. In velamento alárum tuárum exultábo: ℟. In vanum quæsiérunt ánimam meam.

Orémus. Deus. P. 127.

AUX II. VESP. Pſ. Dixit Dom.

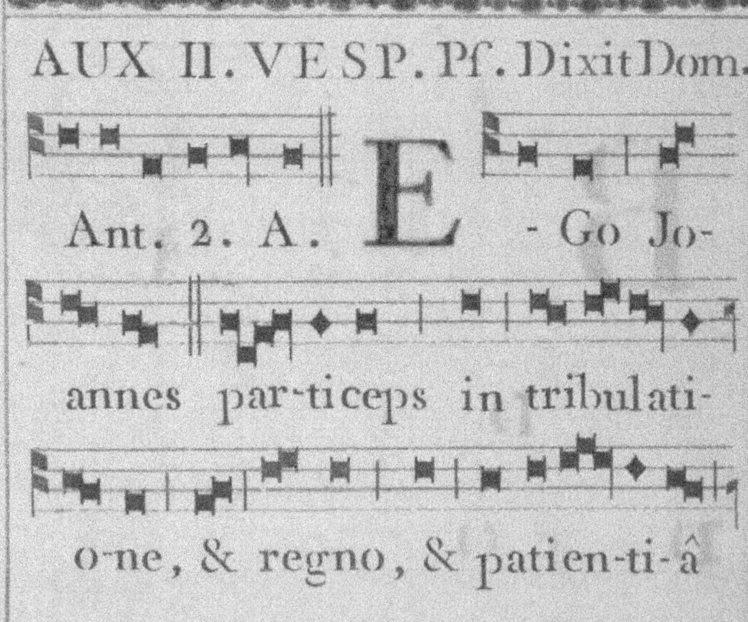

in Chrifto Jefu, fu-i in infula

Pathmos propter verbum Dei

& teftimonium Jefu. Alle-luia.

Laudáte, puéri. Ant. I. D. A B-

ftulit me Angelus in Spiritu

in defertum; & vidi muli-erem

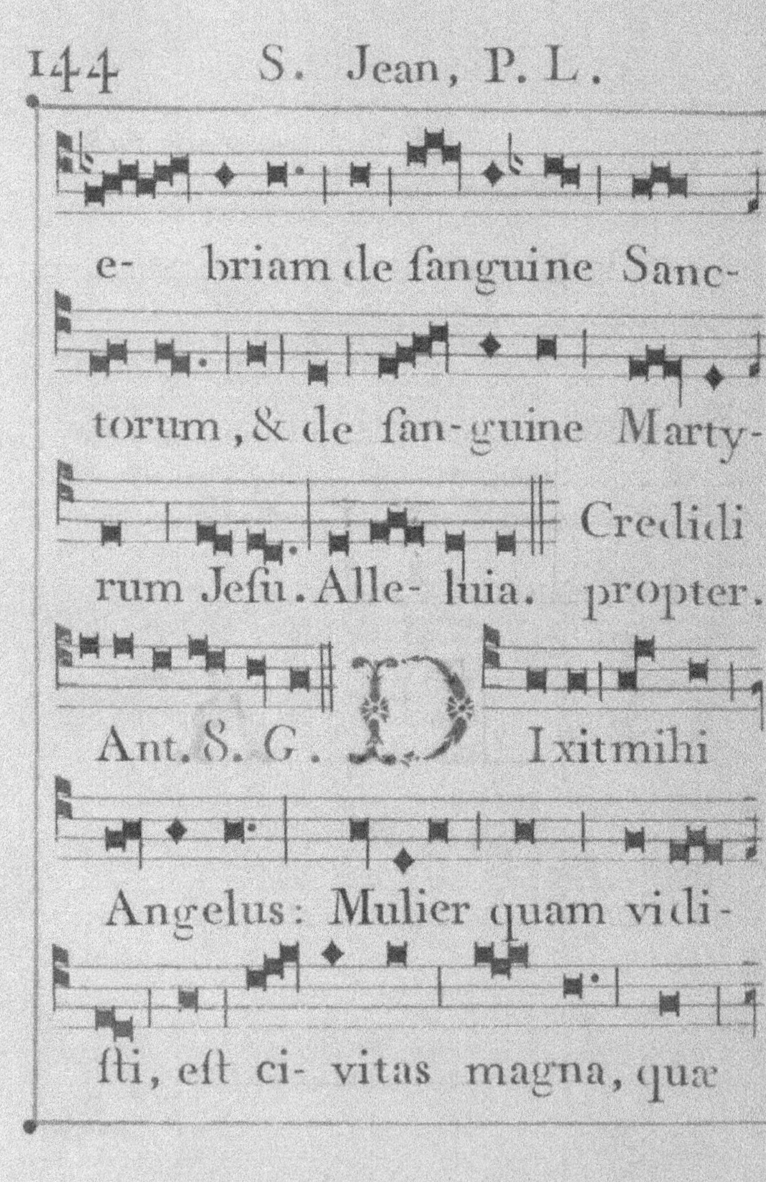
e- briam de ſanguine Sanc-
torum, & de ſan-guine Marty-
Credidi
rum Jeſu. Alle- luia. propter.
Ant. 8. G. D Ixitmihi
Angelus: Mulier quam vidi-
ſti, eſt ci- vitas magna, quæ

habet regnum super Reges ter-
ræ. Al- le- lu- ia. In conver- tendo. &c.
Ant. 4. E. V -Nâ ho-
ra desola- ta est: exulta super e- am, Cœlum, & sancti
Apo-stoli & Prophetæ; quoni-

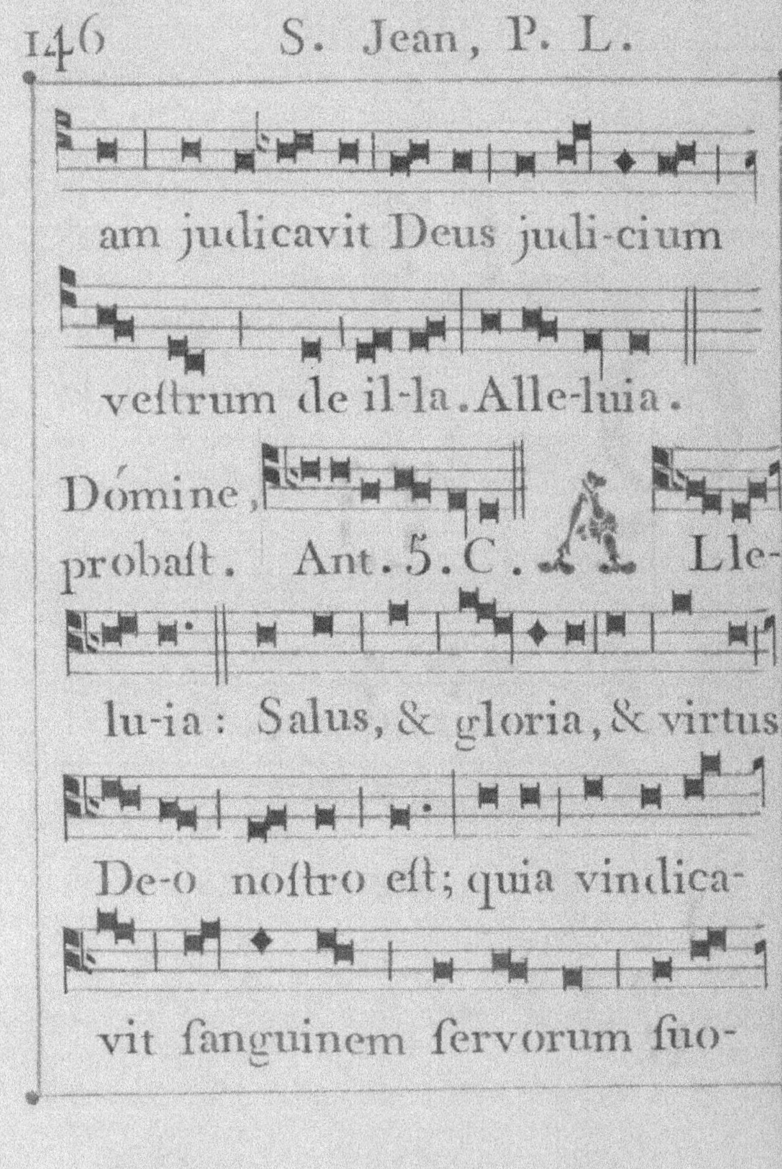
am judicavit Deus judi-cium
vestrum de il-la. Alle-luia.
Dómine,
probast. Ant. 5. C. A Lle-
lu-ia : Salus, & gloria, & virtus
De-o nostro est; quia vindica-
vit sanguinem servorum suo-

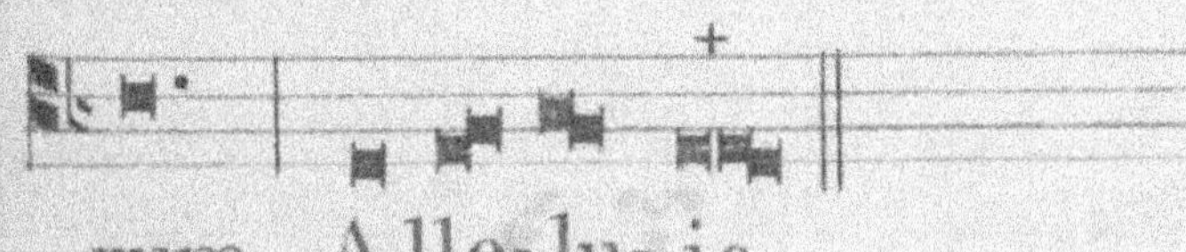

rum. Alle-lu-ia.

CAPITULE.

Qui vícerit, fáciam illum columnam in templo Dei mei; foràs non egrediétur ampliùs; & scribam super eum nomen Dei mei, & nomen civitátis Dei mei, novæ Jerúsalem, quæ descendit de cœlo à Deo meo; & nomen meum novum.

Hymn. Urbem Rom. P. 106.

℣. In terra deserta & invia & inaquósa, sic in sancto appárui tibi; ℟. Ut vidérem virtútem tuam

& glóriam tuam.

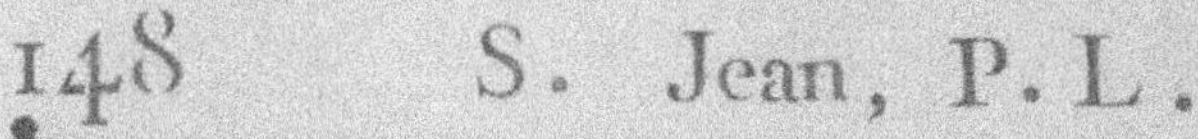

Mag. I. *D*. D Edit Je-

sus palàm facere servis su- is

quæ oportet fi-eri cito; & si-

gnifica-vit mittens servo su-o

Joanni qui testimonium perhi-

buit verbo De-i, & testimonium

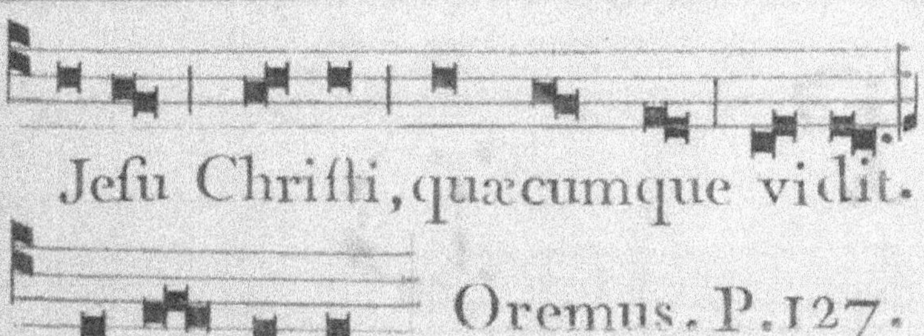

Alle- luia. Mém. du Dim. 154.

A Complies. Ant. Pag. 14.

AU SALUT. ℟. P. 97.

La Prose. Unanimes. P. 75.

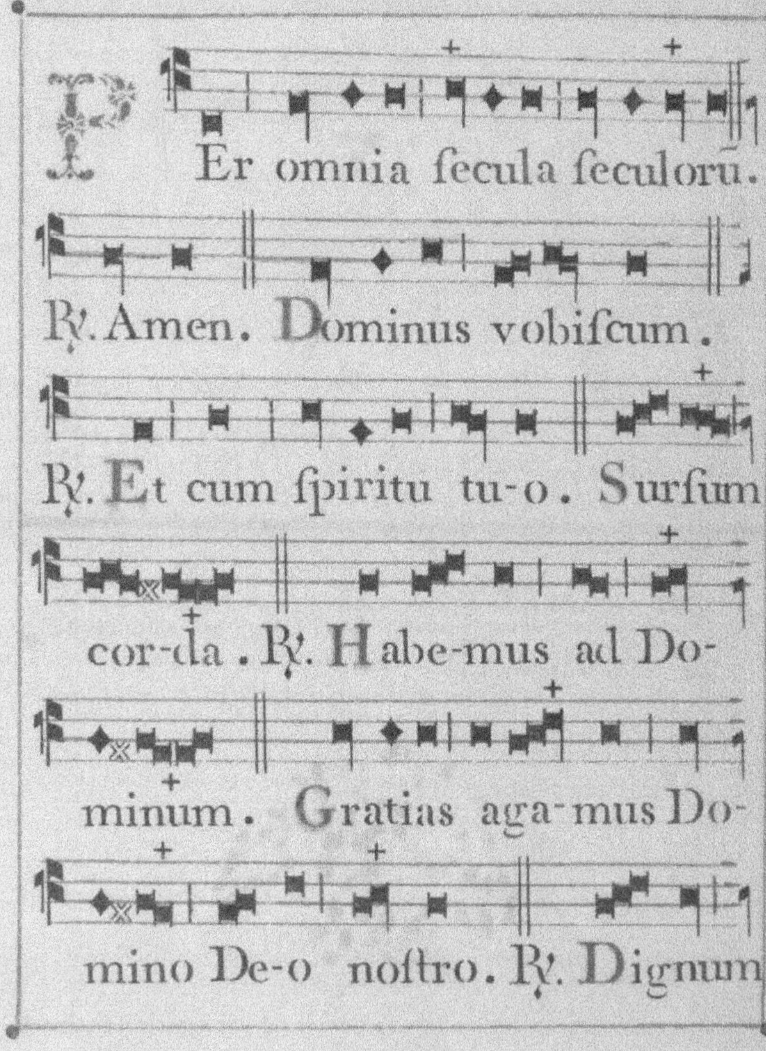
PEr omnia ſecula ſeculorũ.
℟. Amen. Dominus vobiſcum.
℟. Et cum ſpiritu tu-o. Surſum
cor-da. ℟. Habe-mus ad Dominum. Gratias aga-mus Domino De-o noſtro. ℟. Dignum

& justum est. Verè dignum

& justum est, æquum & salu-ta-

re, nos tibi semper & ubique

gratias a-gere, Domine sancte,

Pater omnipotens æterne Deus,

per Christum Dominum nostrũ;

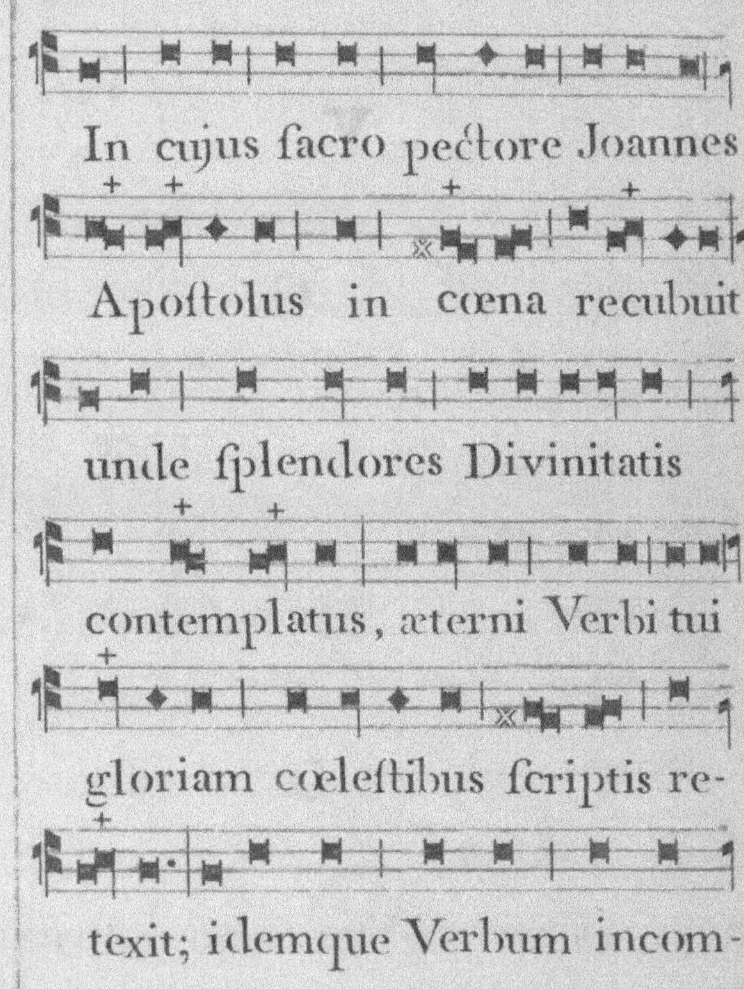
In cujus ſacro pectore Joannes
Apoſtolus in cœna recubuit:
unde ſplendores Divinitatis
contemplatus, æterni Verbi tui
gloriam cœleſtibus ſcriptis re-
texit; idemque Verbum incom-

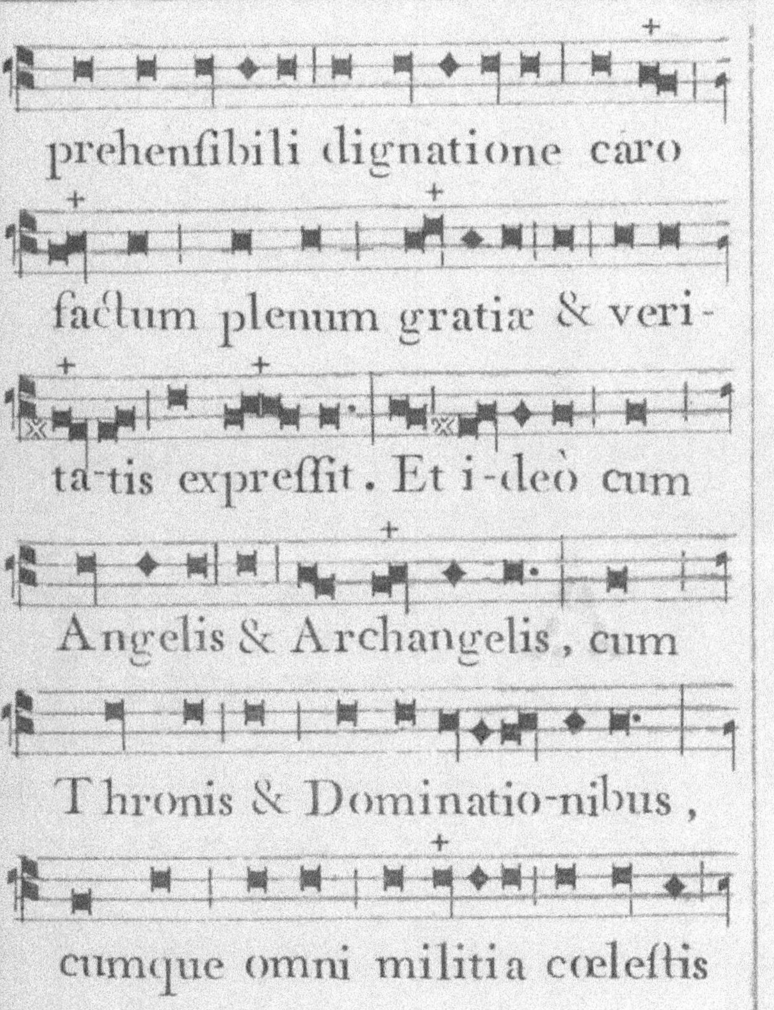
prehensibili dignatione caro
factum plenum gratiæ & veri-
ta-tis expressit. Et i-deò cum
Angelis & Archangelis, cum
Thronis & Dominatio-nibus,
cumque omni militia cœlestis

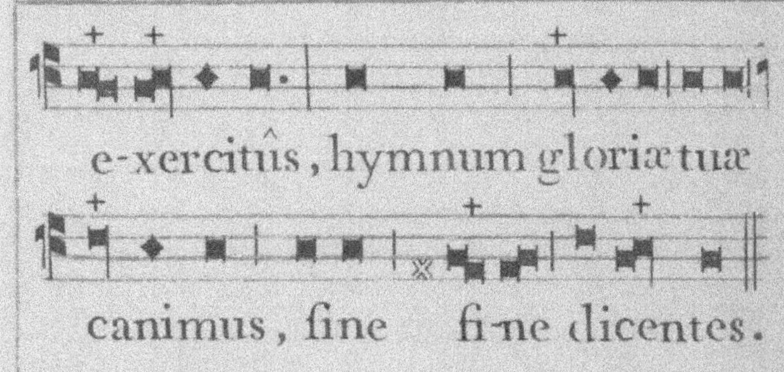

LE II. DIM. Ap. Pâque, II. Vefp.

Ant. 8.

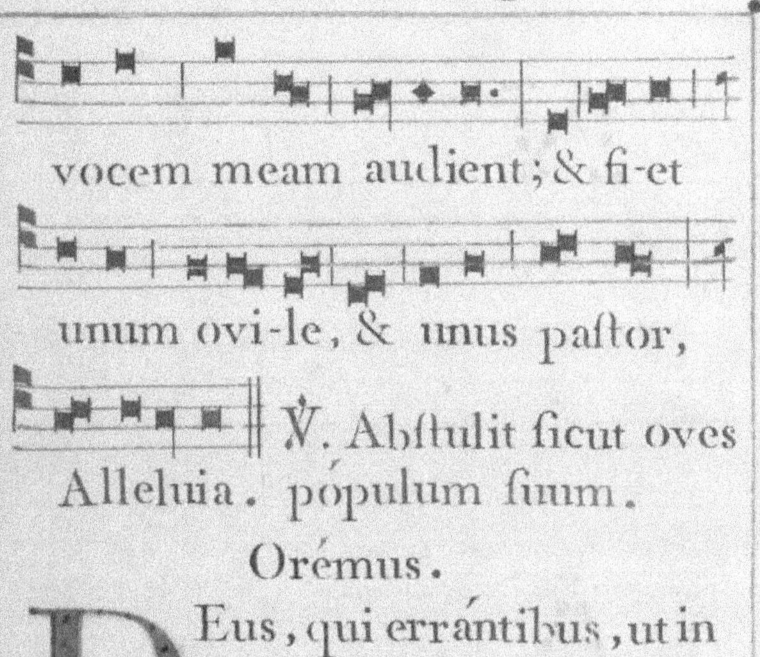

Orémus.

DEus, qui errántibus, ut in viam poſſint redíre juſtítiæ, veritátis tuæ lumen oſtendis: da cunctis qui Chriſtiánâ profeſſióne cenſentur, & illa reſpúere quæ huic inimíca ſunt nómini, & ea quæ ſunt apta ſectári; Per.

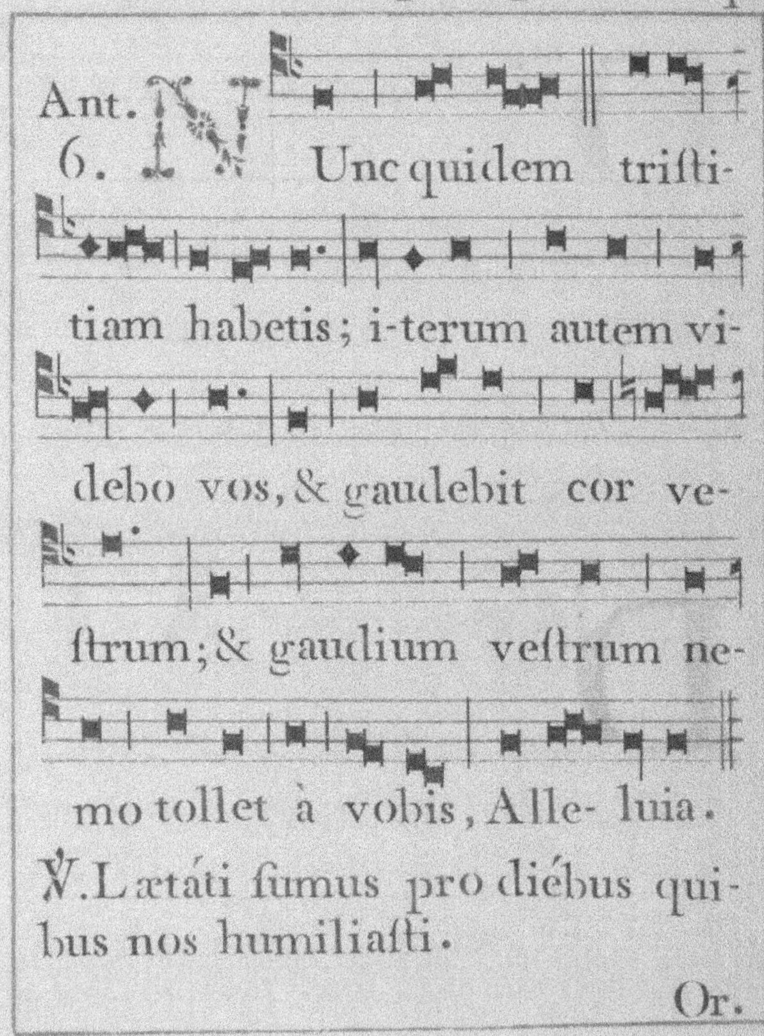

℣. Lætáti fumus pro diébus quibus nos humiliafti.

Or.

DEus, qui in Fílii tui humilitáte jacentem mundum erexiſti : fidélibus tuis perpétuam concéde lætítiam ; ut quos perpétuæ mortis eripuiſti cáſibus, gáudiis fácias perfrui ſempiternis; Per eumdem Dóminum noſtrum.

Le IV. Dim. ap. Pâque. II. Veſp.

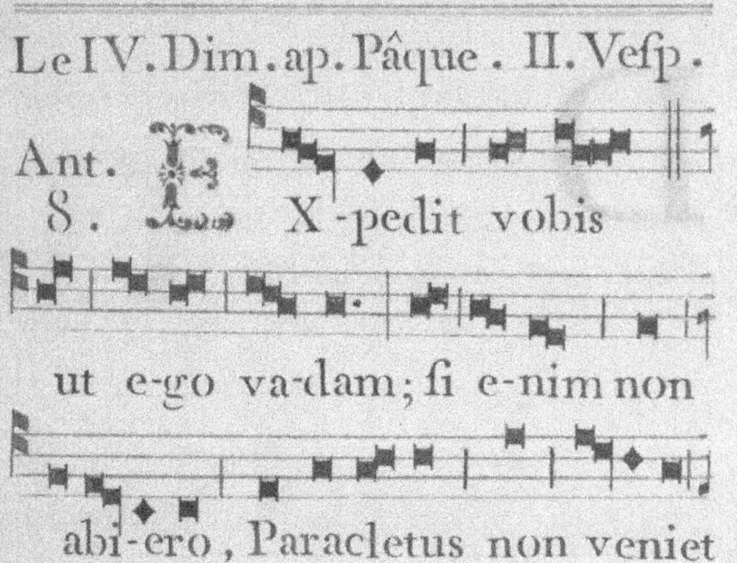

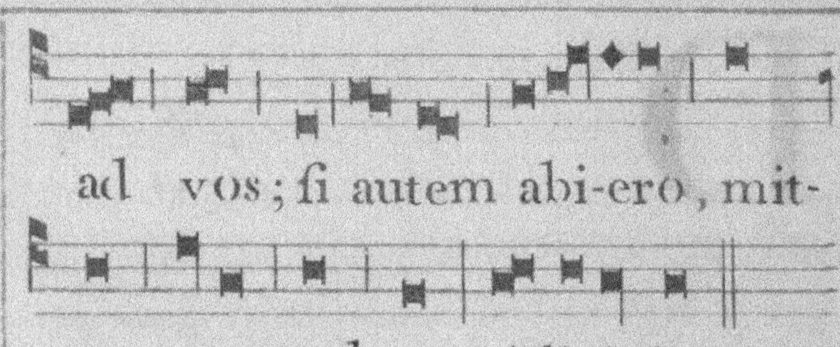

tam eum ad vos, Alleluia.

℣. Memor eſto verbi tui, Dómine.

Orémus.

DEus, qui fidélium mentes unius éfficis voluntátis: da pópulis tuis id amáre quod præcipis, id deſideráre quod promittis; ut inter mundánas varietátes, ibi noſtra fixa ſint corda, ubi vera ſunt gáudia; Per Dóminũ noſtrum Jeſum Chriſtum Fílium tuum, qui tecum vivit.

Ant. 4. E. IN nomine meo petetis : & non dico vobis quia e-go rogabo Patrem de vo-bis; ipse e-nim Pater a- mat vos, quia vos me amastis, & credidistis quia ego à Deo exi-vi, Al-

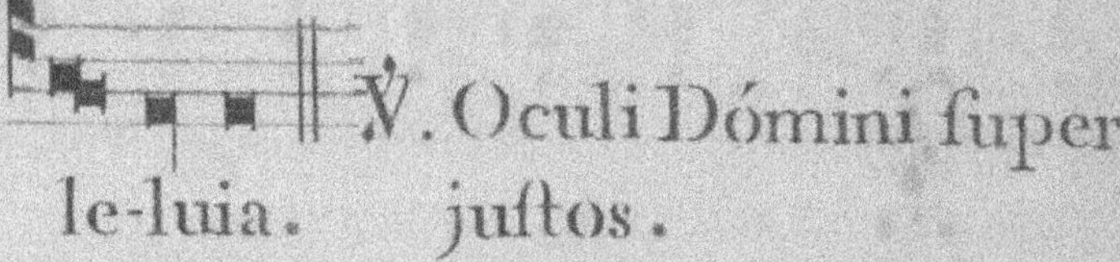

Orémus.

DEus, à quo bona cuncta procédunt : largíre ſupplícibus tuis, ut cogitémus te inſpirante, quæ recta ſunt, & te gubernante, éadem faciámus ; Per Chriſtum Dóminum noſtrum.

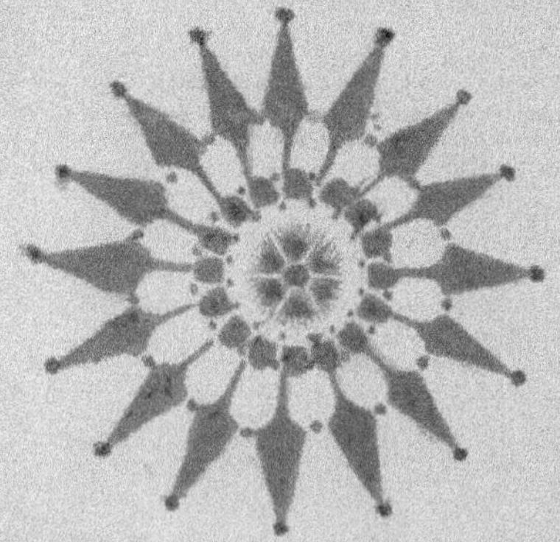

S^te^. CECILE, VIERG. ET MARTYRE. Petit-Solem.

A TIERCE.

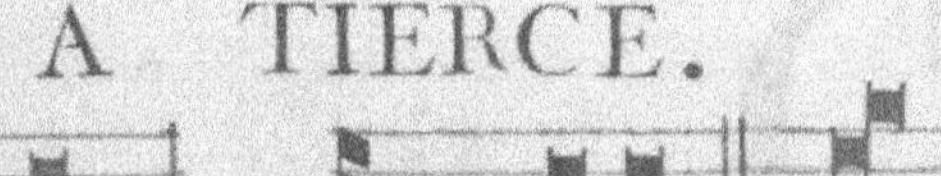

Ant. 5. a. INveni quem

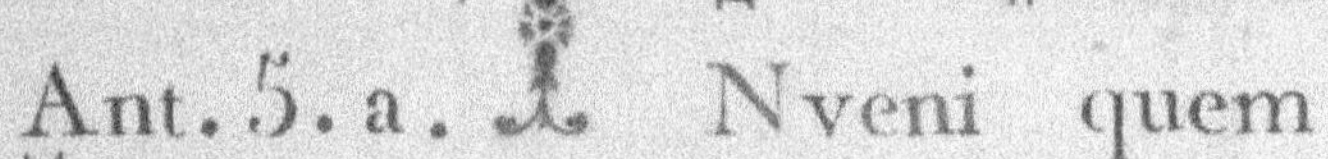

diligit a-nima mea, tenu-i

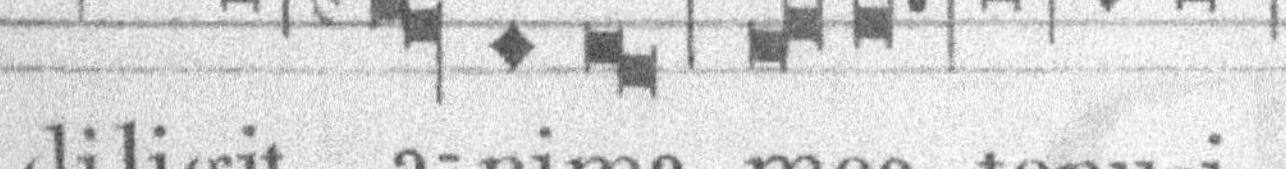

e-um, nec dimittam.

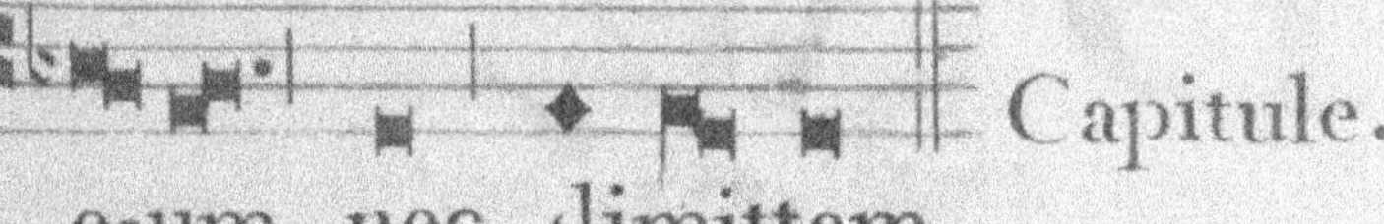

Capitule.

DE virgínibus præceptum Dómini non habeo: consí-lium autem do, tamquam miſericórdiam conſecútus à Dómino, ut ſim fidélis.

℟. br. Lætétur mons Sion: * Exultent filiæ Judæ * All. all. Læt. ℣. Propter judícia tua, * Dómine * Allelúia, all. Glória Patri. Læt. ℣. Audívit, & lætáta eſt Sion; ℟. Et exultavérunt filiæ Judæ.

Orémus.

Deus, qui nos ánnuâ beátæ Cæcíliæ Vírginis & Martyris tuæ ſolemnitáte lætíficas: da, ut cujus natalítia cólimus, virtútem quoque paſſiónis imitémur; Per Dóminum noſtrum Jeſum Chriſtum Fílium tuum, qui tecum. &c.

NEſci- tis quoniam corpora veſtra membra ſunt Chriſti ? Membra veſtra tem-plum ſunt Spiritûs ſancti qui in vo-bis eſt. * Glorifica-te, & † Porta-te De-um in

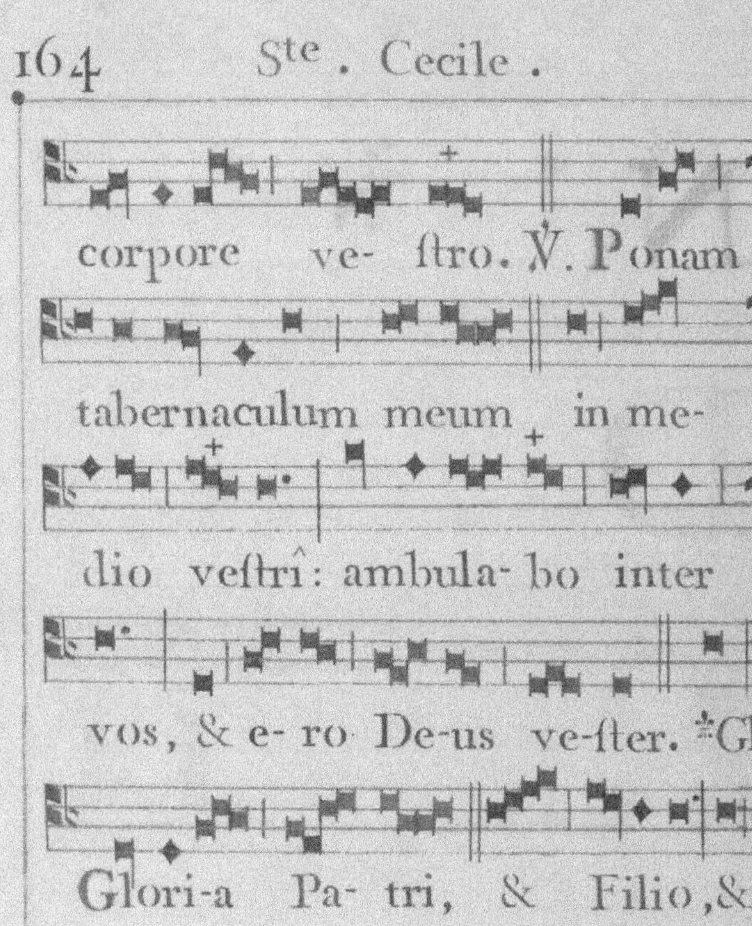
corpore ve- ſtro. ℣. Ponam
tabernaculum meum in me-
dio veſtrî: ambula- bo inter
vos, & e- ro De-us ve-ſter. *Gl.
Glori-a Pa- tri, & Filio, &
Spiri- tu-i ſancto. ✝ Portate.

℣. Hæréditas immaculatórum in æternum erit : ℟. Non confundentur in tempore malo.

Orémus.

DEus, ómnium largítor bonórum, qui in fámula tua Cæcília cum virginitátis glória martyrii palmam conjunxisti; mentes nostras, ejus intercessióne, tibi caritáte conjunge; ut inter hujus vitæ procellas tibi toto corde adhærére, & ad æternæ felicitátis portum tuâ miseratióne perdúci mereámur; Per Christũ Dominum nostrum. ℟. Amen.

A LA MESSE. Introit. du 3.
ME expectave- runt
peccato- res, ut per- de-
rent me: testimo- nia tu-a, Domine, intelle- xi: omnis
consummatio-nis vidi fi- nem;

GRADUEL.

5. F.

POsue- runt pecca-

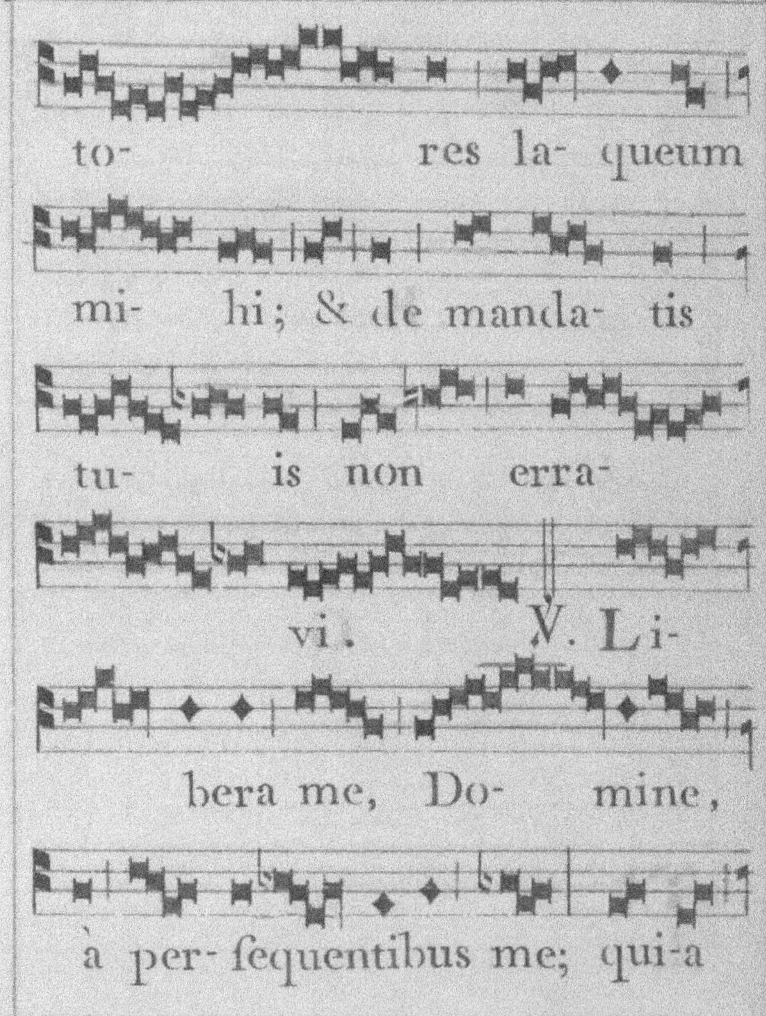
to- res la- queum
mi- hi; & de manda- tis
tu- is non erra-
vi. ℣. Li-
bera me, Do- mine,
à per- ſequentibus me; qui-a

confor- ta- ti ſunt

ſu- per me.

Du 3. A L-le-lu- ia,

Al-le-lu- ia.

℣. Fi- at Do- mine, cor

me- um immacula-tum in

juſtifica- ti-o- nibus tu-
is; ut non confun- dar.
OFFERT.
2. A.
Uſ- cipe me, Do- mi-
ne, ſe-cundum elo- qui- um
tu- um, & vi- vam; &

non conſun- das me ab ex-
pecta- ti-o- ne me- am.
Comm. du I.
C Onſundan-tur
ſuper- bi, quia in-ju-ſtè i-ni-
quita- tem fecerunt in me:
e- go au- tem exerce- bor

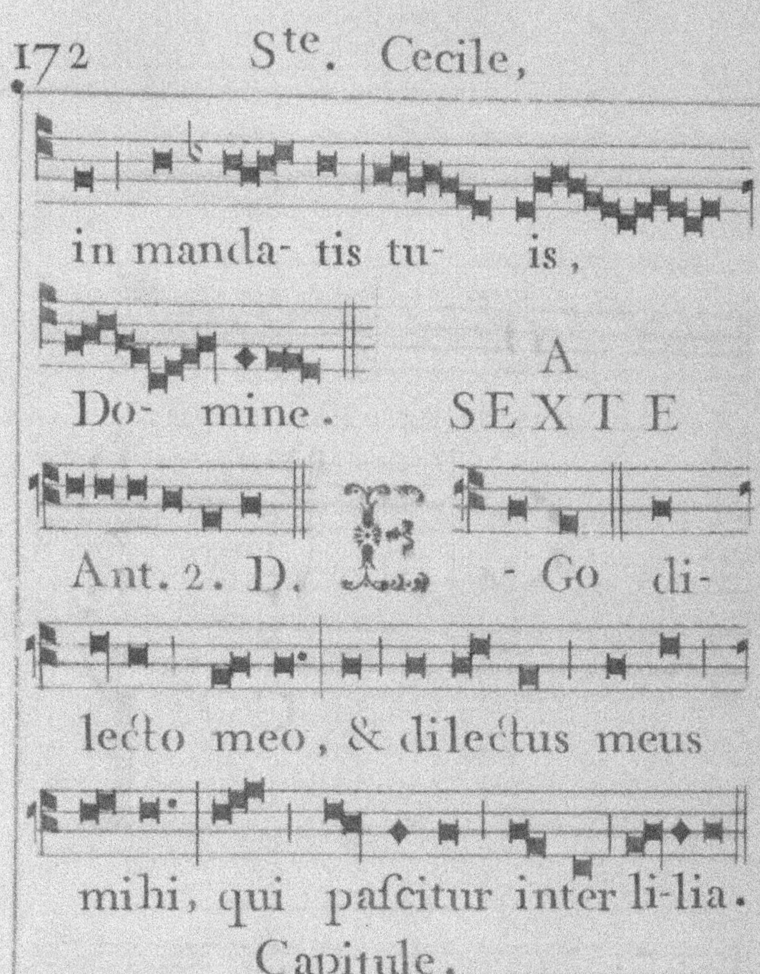

Capitule.

MUlier innupta, & Virgo, cogitat quæ Dómini sunt,

ut ſit ſancta córpore, & ſpíritu : quæ autem nupta eſt, cógitat quæ ſunt mundi, quómodo pláceat viro.

℟. br. Quid mihi eſt in cœlo ?* Et à te quid vólui ſuper terram ? * Alleluia, alleluia. Quid. ℣. Deus cordis mei, * & pars mea Deus in æternum * All. all. Gloria. Quid. ℣. Concupiſcit & déficit ánima mea in átria Dómini : ℟. Cor meum & caro mea exultavérunt in Deum vivum.

Orémus. Deus, qui nos. P. 162

à None. Ant. 3. a. S Ubum-

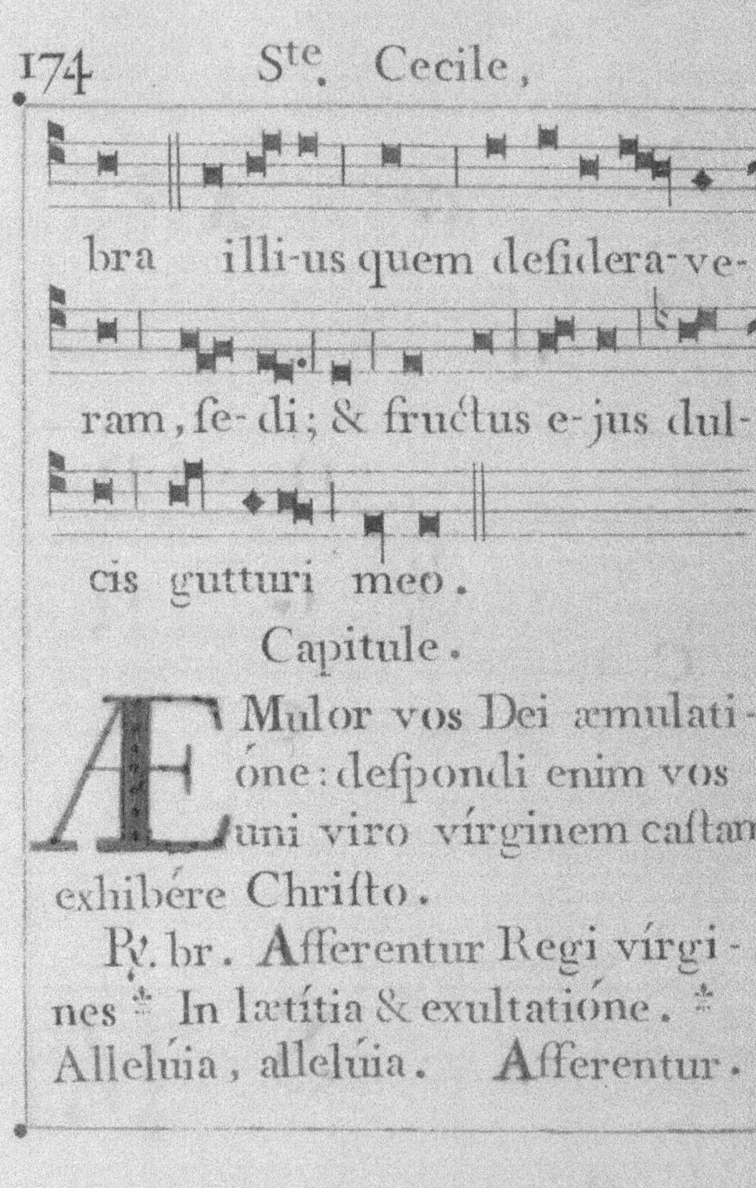

Capitule.

Æ Mulor vos Dei æmulatióne: despondi enim vos uni viro vírginem castam exhibére Christo.

℟. br. Afferentur Regi vírgines * In lætítia & exultatióne. * Allelúia, allelúia. Afferentur.

℣. Adducentur * in templum Regis, * Allel. all. Glória. Affenrent. ℣. Delectavérunt te filiæ regum, ℟. In honóre tuo.

Orémus. Deus, qui. P. 162.

AUX II. VESPRES. Pſ. du Dim.

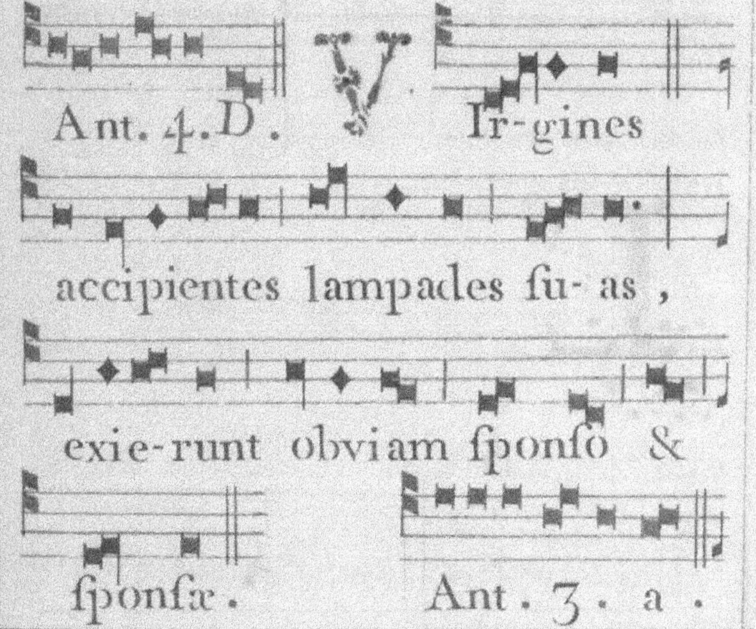

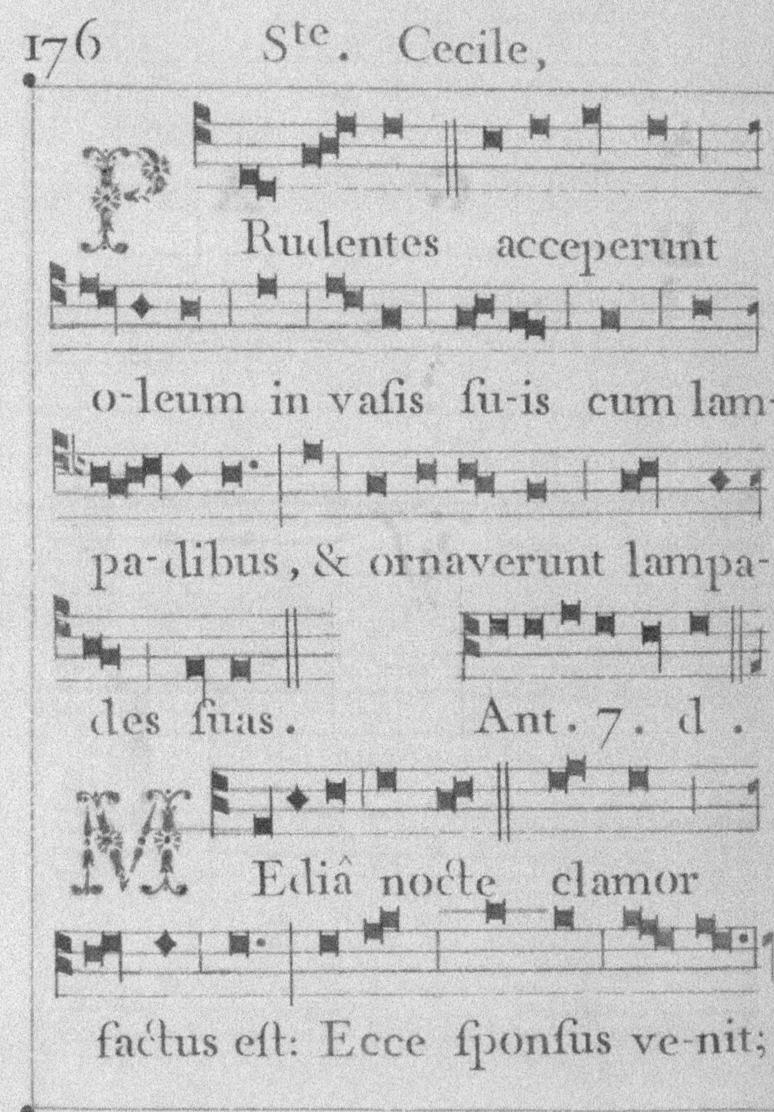
PRudentes acceperunt
o-leum in vasis su-is cum lam-
pa-dibus, & ornaverunt lampa-
des suas. Ant. 7. d.
MEdiâ nocte clamor
factus est: Ecce sponsus ve-nit;

exi-te obviam e-i.
Ant. 2. D. V Enit Spon-
sus; & quæ paratæ e-rant, in-
traverunt cum e-o ad nuptias.
Ant. 1. D. V Irgines
sequuntur Agnum quocumque

Capitule.

REgnávit Dóminus Deus noſter omnípotens: gaudeámus, & exultémus, & demus glóriam ei; quia venérunt núptiæ Agni, & uxor ejus præparávit ſe. ℟. Deo grátias.

Hymne, du 6.C.

FEſtis læta ſonent canti-

Veſtris illa fuit débita cœtibus,
Dum terras hábitat, nóbilis æmula
Ut vox exprímeret, córporis
ímmemor
Votis aſtra præóccupat.

Quid non ſanctus amor! Fórtiter ámbiit
Christo virgíneum fúndere ſánguinem;
Oblíti méminit tunc bene córporis,
Præclárae ſítiens necis.

Vobis, ſorte ſuâ, Virgo beátior;
Nam, quâ parte minor, vos ſuperéminet,
Immortále genus, quæ pótuit mori,
Veri víctima Núminis.

Illi non ſátis eſt, magnanimâ fide
Et ridére deos, judicis & minas:
Quæ dat Martyribus ſola Deo frui
Ardens accélerat necem.

Fac nos, Chriſte, tuæ Vírginis æmulos,
Quâ pro te móritur, ritè ſequi fidem:
Et dum vita manet, da tibi vívere;
Et cùm mors veniet, mori.
Da te, ſumme Pater, tóllere láudibus:
Da te, Chriſte, ſequi láurea Virginum:
Per te, divus Amor, frígida péctora
Puris ígnibus árdeant. Amen.

℣. Confeſſio & pulcritúdo in conſpectu Dei: ℟. Sanctimónia & magnificéntia in ſanctificatióne ejus.

Mag.

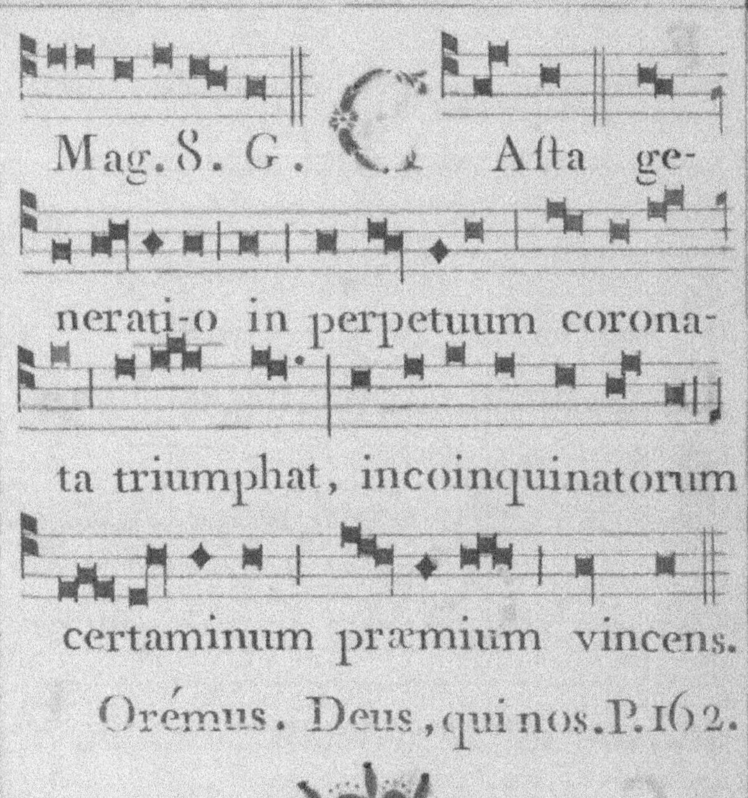

Orémus. Deus, qui nos. P. 162.

Ant. 8. G. S Cuto cir-
cumdabit te veritas ejus; non
timebis à timore nocturno.
Hymne. 6. C. G Rates, peracto
jam die, Deus, tibi perſolvimus;
Pronoque, dum nox incipit, Proſ-

Quod longa peccávit dies,
Amárus expiet dolor;
Somno gravátis ne nova
Inflígat hoſtis vúlnera.
Infeſtus uſque círcuit
Quærens leo quem dévoret:
Umbrâ ſub alárum tuos,
Defende filios Pater.
O quando luceſcet tuus
Qui neſcit occáſum dies!
O quando ſancta ſe dabit
Quæ neſcit hoſtem pátria!
Deo Patri ſit glória!
Ejuſque ſoli Fílio,

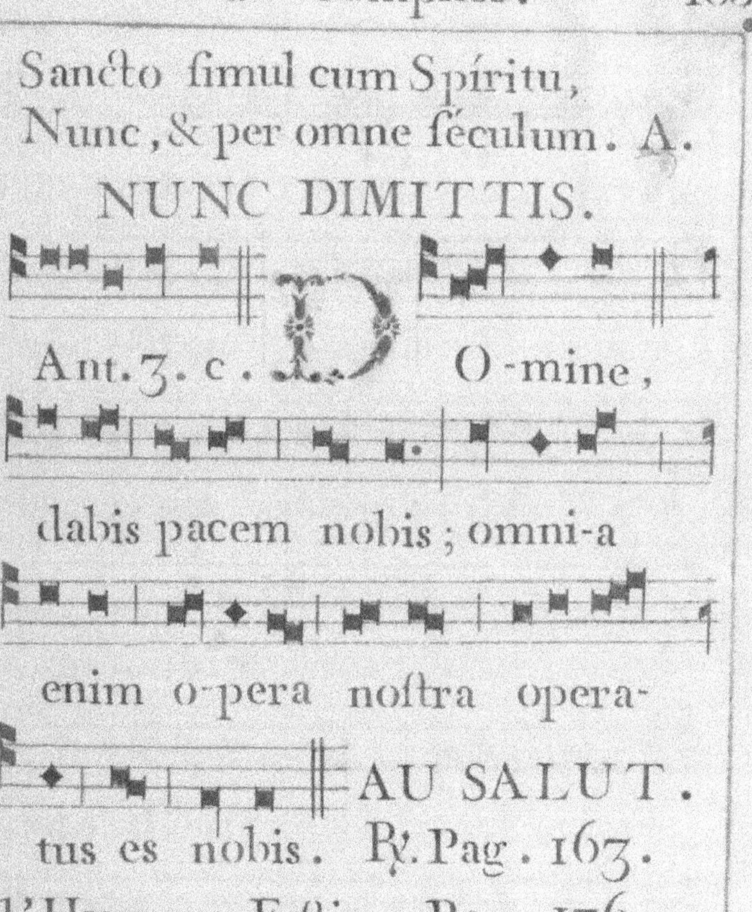
Sancto simul cum Spíritu,
Nunc, & per omne séculum. A.
NUNC DIMITTIS.
Ant. 3. c. D O-mine,
dabis pacem nobis; omni-a
enim o-pera nostra opera-
AU SALUT.
tus es nobis. R̸. Pag. 163.
l'Hymne, Festis. Pag. 176.

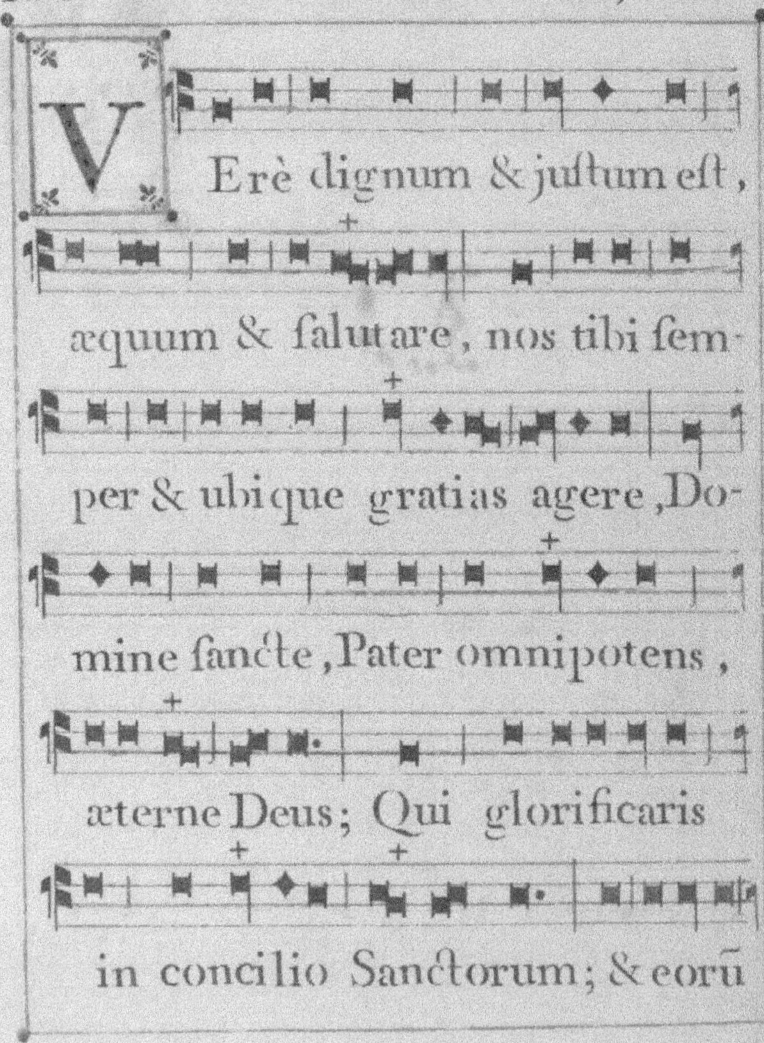
V
Erè dignum & justum est,
æquum & salutare, nos tibi semper & ubique gratias agere, Domine sancte, Pater omnipotens,
æterne Deus; Qui glorificaris
in concilio Sanctorum; & eorũ

coronando merita, coronas

dona tu-a: qui nobis in eorum

præbes & converſatione e-xem-

plum, & communione conſorti-

um, & interceſſio-ne ſubſi-dium;

ut tantam habentes impoſitam

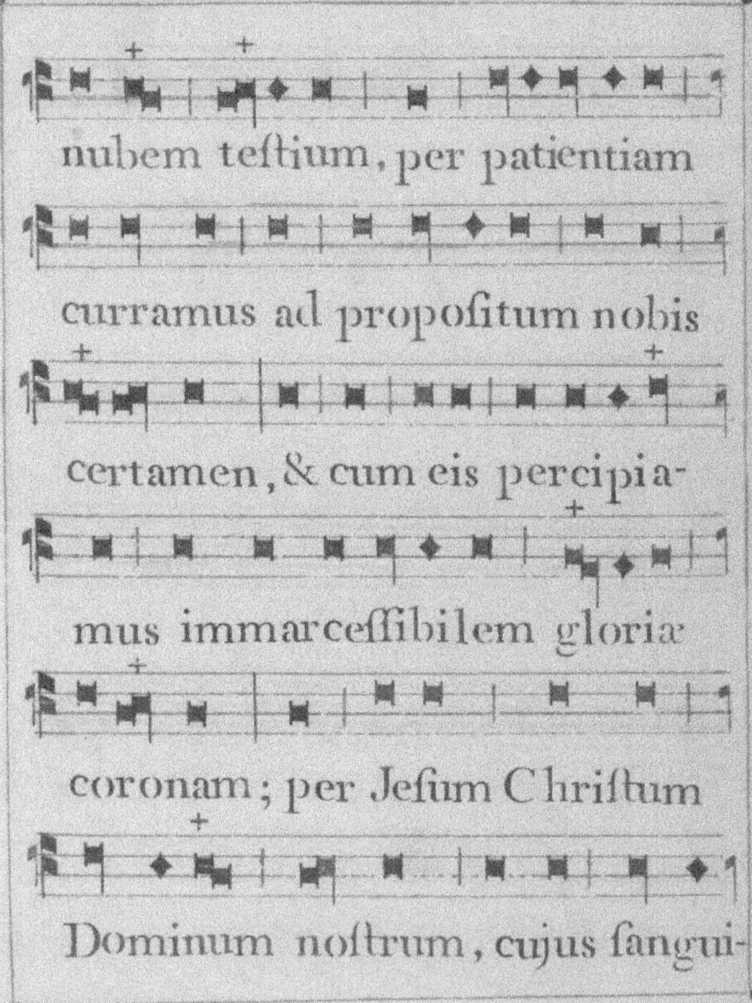
nubem teſtium, per patientiam
curramus ad propoſitum nobis
certamen, & cum eis percipia-
mus immarceſſibilem gloriæ
coronam; per Jeſum Chriſtum
Dominum noſtrum, cujus ſangui-

ne ministratur nobis introitus
in æ-ternum regnum : per quem
majestatem tuam trementes a-
dorant Angeli & omnes Spiri-
tuum cœlestium chori sociâ
exultatio-ne concelebrant . Cum

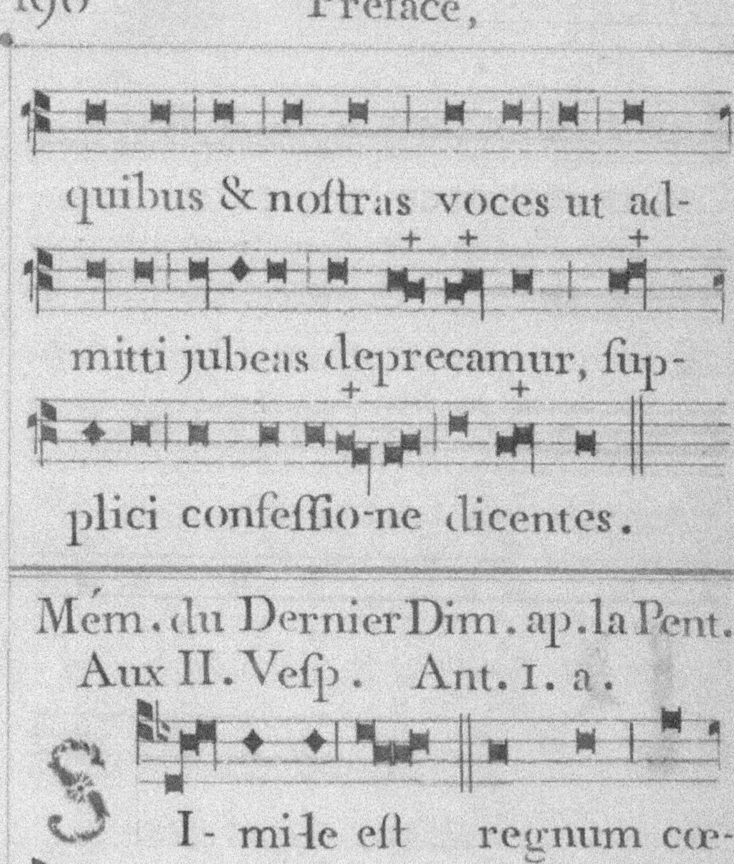

Mém. du Dernier Dim. ap. la Pent.
Aux II. Veſp. Ant. 1. a.

SI- mi-le eſt regnum cœ-
lorum fermento, quod acceptū

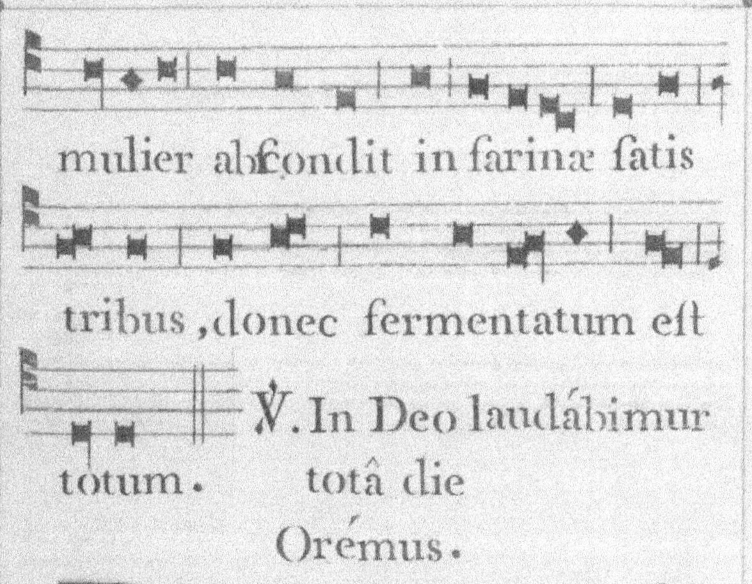

Orémus.

PRæſta, quæſumus, omnípotens Deus, ut ſemper rationabília meditantes, quæ tibi ſunt placita, & dictis exequámur & factis; Per Dominum noſtrum Jeſum Chriſtum. &c.

www.ingramcontent.com/pod-product-compliance
Ingram Content Group UK Ltd.
Pitfield, Milton Keynes, MK11 3LW, UK
UKHW022102260726
13993UKWH00001B/266

9 782329 241777